Contes et Récits des Héros de la Grèce antique

Ces récits peuvent être lus de façon indépendante
et dans n'importe quel ordre.
Pour des raisons de continuité historique,
ils sont ici proposés chronologiquement.

Merci à toi, cher Gilles, qui as relu, à ma demande, ces récits avant leur publication et y as piégé... quelques invraisemblances historiques !

C. G.

Conforme à la loi n° 49956 du 16 juillet 1949 sur les publications destinées à la jeunesse
ISBN 209282084 - 2

CHRISTIAN GRENIER

CONTES ET RÉCITS DES HÉROS DE LA GRÈCE ANTIQUE

Illustrations de Christian Heinrich

NATHAN

LA GRÈCE VERS LE Ve SIÈCLE AV. J.-C.

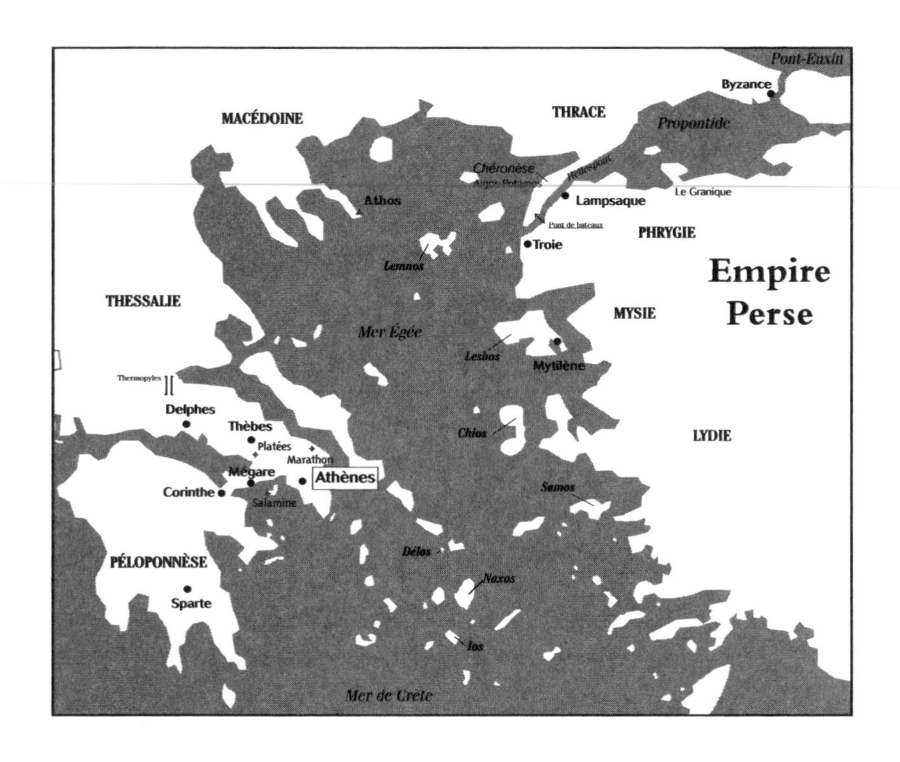

PLAN D'ATHÈNES

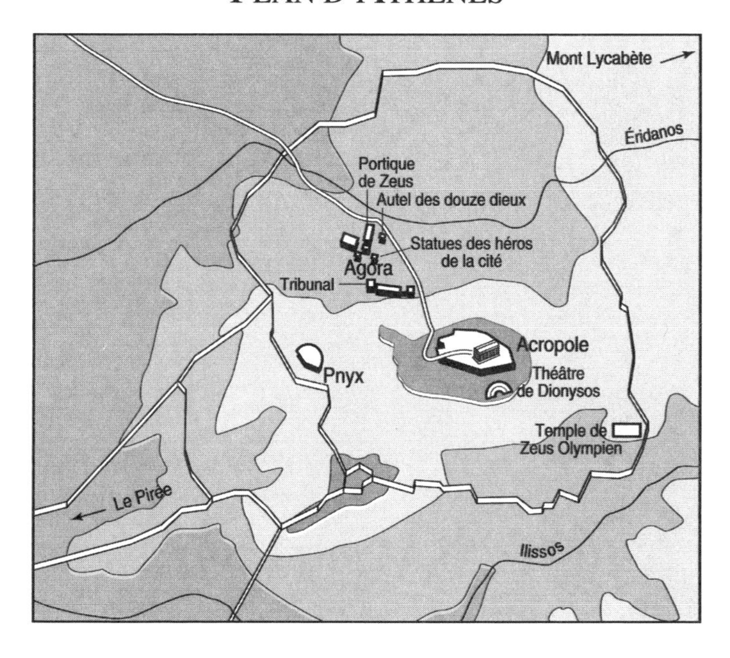

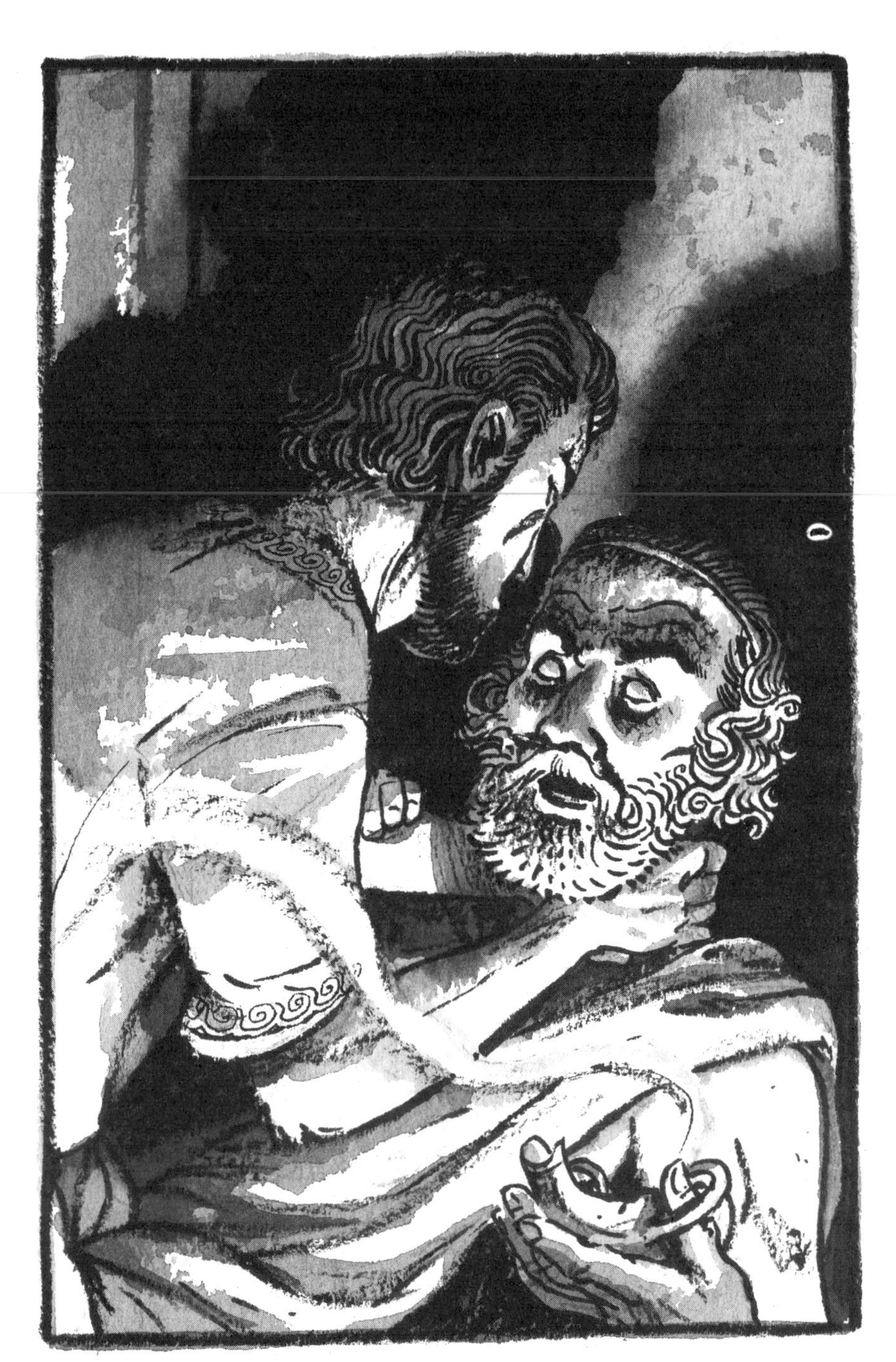

I

Homère

ou Le poète aux trois visages

(vers 820 av. J.-C.)

Quand je débarquai sur le petit port de l'île d'Ios, le jeune marin qui amarrait mon navire me lança :

– Tu as de la chance, voyageur ! Homère est arrivé ici le mois dernier. Ce soir, il va nous raconter la prise d'Ilion ou peut-être le fabuleux voyage d'Ulysse. Profite de ton escale pour l'écouter. Il est vieux et faible. C'est peut-être la dernière fois que nous entendrons ses récits.

– Le grand Homère ? dis-je au marin. Tu en es sûr ?

– Certain ! Le poète nous a souvent fait l'honneur de sa visite.

– Et il serait ici depuis trois décades*, dis-tu ?

J'en doutais fort : Homère, je venais de le voir six jours plus tôt dans l'île de Chios où j'avais livré du vin et de l'huile !

À cette époque, j'avais vingt ans.

Mon père, un riche négociant de Corinthe, m'avait confié une escadre de navires chargés de denrées. Je devais parcourir toutes les Cyclades pour y vendre nos provisions et en acheter d'autres au meilleur prix. Cette mission de confiance ne me plaisait guère. Depuis l'enfance, mon rêve était de devenir aède* !

– Toi, poète ? avait ricané mon père. Pas question ! Tu es mon unique héritier. Tu seras négociant et tu géreras ma fortune.

Les mots suivis d'un astérisque et la plupart des personnages et lieux importants sont dans le glossaire, à la fin de l'ouvrage.

Déçu et amer, je profitais de chaque escale pour aller écouter les aèdes qui chantaient les exploits des héros et des dieux.

Ce soir-là, tandis que mon équipage allait au port se saouler et voir des femmes légères, je rejoignis la place du marché où se pressait déjà une foule considérable. Dans nos îles, les distractions sont rares et la renommée d'Homère était grande. Il parcourait la Grèce depuis cinquante ans pour chanter les exploits d'Achille et d'Ulysse. J'étais curieux de l'entendre. Était-ce le même que celui que j'avais vu récemment ? Avait-il, comme les dieux, le don d'ubiquité[1] ?

Dès qu'il parut sur scène, je sus qu'il s'agissait d'un imposteur. Celui de Chios était malingre, courbé comme une branche d'olivier. Ce vieillard, lui, était d'une taille imposante. Cependant, les deux hommes avaient des points communs : une barbe blanche et bouclée, un âge certain. Et ils étaient aveugles !

---

1. Don d'ubiquité : capacité à être présent dans plusieurs lieux différents au même moment.

Ce second Homère fut conduit par un jeune garçon au centre de la place. Il s'assit et cala sa lyre entre ses genoux.

À présent, un silence respectueux planait sur l'assemblée. Dans la nuit violette qui tombait, on n'entendait que la respiration du public et la stridulation entêtée des cigales.

Soudain, les doigts du poète égrenèrent quelques notes avant qu'il ne déclame, d'une voix profonde et vibrante :

– Déesse, chante la colère d'Achille, fils de Pélée,

Cette colère funeste qui causa tant de malheurs aux Grecs...

Un murmure de satisfaction s'éleva parmi les spectateurs. Comme moi, ils avaient identifié le début de l'*Iliade* !

– Fils d'Atrée, et vous Grecs aux belles cnémides,*

Que les dieux qui habitent l'Olympe

Vous fassent la grâce de détruire la ville de Priam...

Je me laissai une nouvelle fois entraîner par

cette histoire. Quelle aventure ! Quelle imagination ! Quelle poésie ! Ah, pourquoi n'avais-je pas désobéi à mon père, quitté logis et patrie pour devenir un poète ambulant ?

Les cigales ne chantaient plus. La nuit était tombée. Et moi de plus en plus intrigué. Je me tournai vers mon voisin pour lui chuchoter :

– Es-tu sûr que c'est là Homère ? J'ai vu récemment un autre aède qui ne ressemblait pas à... cet Homère-ci.

– C'était un imposteur ! me répliqua-t-il. Mèdikès, qui se fait appeler Homère, est natif de cette île d'Ios. Nos parents l'ont vu grandir. Sa mère, qui a toujours vécu ici, est morte il y a dix ans.

J'étais stupéfait. Car à Chios, le premier Homère était entouré de centaines d'auditeurs. Tous semblaient le connaître.

– Mèdikès... murmurai-je.

Comme beaucoup, l'aède avait choisi un pseudonyme dont la signification ambiguë tout à coup me frappa : *homère,* en grec, signifie tout à la fois « aveugle » et « otage ». Les deux poètes qui prétendaient être Homère étaient bien aveugles. Mais de qui auraient-ils pu être l'otage ?

À cet instant, la voix du vieillard faiblit. Bientôt, il chancela et s'interrompit. Le jeune garçon se précipita pour l'aider à se lever. Avant de partir, le prétendu Homère eut la force de lancer :

– Je reviendrai demain. Je raconterai la suite du siège de Troie, et...

– La mort de Patrocle ! proposa un spectateur.

– Oui, oui ! La mort de Patrocle ! lancèrent d'autres voix.

– Soit ! admit l'aède en souriant.

Les gens se dispersèrent. Certains chantonnaient les passages qui les avaient frappés et qu'ils avaient retenus.

Au lieu de rejoindre le port, je suivis le poète et son guide. Aux faubourgs de la cité, le garçon laissa son protégé à la porte d'une maison. Le vieillard était entré. Personne ne l'avait accueilli. Il vivait donc seul. Je m'approchai et grattai à la porte. Bientôt, le faux ou vrai Homère m'ouvrit.

– Eh bien, Anaxos, qu'as-tu oublié ? dit-il en me fixant de son regard éteint.

– Je ne suis pas Anaxos, répondis-je en le poussant à l'intérieur du logis obscur.

Déséquilibré, épuisé, il vacilla ; je dus le retenir pour qu'il ne tombe pas. Je l'aidai à s'asseoir. D'une voix qui grondait et tremblait à la fois, il me déclara :

– Que veux-tu ? De l'argent ? Je n'en ai pas !

J'étais parti à la recherche d'une lampe à huile. Je finis par en dénicher une et l'allumai. Le poète aveugle se rebiffa :

– Comment oses-tu t'en prendre à moi ? Sais-tu bien qui je suis ?

– Non, justement. Ou plutôt je crois que tu n'es pas Homère.

Il sursauta. Avais-je visé juste ? Le vieillard se défendit :

– Tu te trompes, étranger ! Je suis Mèdikès d'Ios. Ici, chacun sait que je suis Homère. D'où viens-tu pour en douter ?

– De l'île de Chios. Avant de la quitter, j'ai vu

et entendu Homère. L'un de vous deux est un imposteur. Et je crois que c'est toi.

Embarrassé, le poète fronça ses épais sourcils.

– Je suis Homère ! s'entêta-t-il à voix basse.

– Soit. Je vais revenir à Chios et confondre celui qui se fait prendre pour toi !

– Non, ne fais surtout pas cela !

Sa réaction me désarçonna.

– Ah bon ? Et pourquoi ? Qui est cet autre Homère ? Tu le connais ?

Son silence devenait irritant. Je le saisis au cou et affirmai :

– Si tu ne me dis pas la vérité, je t'envoie rejoindre les dieux ! Tu régleras tes comptes avec eux !

Ma menace n'eut pas d'effet. Mèdikès n'avait pas peur de la mort. D'une voix paisible, il murmura :

– Je te sens jeune et impétueux. Que t'importe, après tout, que je sois ou non le véritable Homère ?... Et toi, qui es-tu ?

– Éristhène de Corinthe, et justement ton plus grand admirateur. Moi aussi j'aimerais être poète ! Je connais des passages de ton *Iliade* et de ton *Odyssée* par cœur. Voilà pourquoi plus tard je voudrais pouvoir affirmer à mes enfants : « J'ai connu le vrai, l'immense Homère. Je l'ai vu et entendu ! Je me suis entretenu avec lui... »

Maintenant, le vieillard souriait. Il saisit ma main et demanda :

– Saurais-tu garder un secret, Éristhène ?

– Oh oui ! Je te jure, sur tous les dieux de l'Olympe...

– Je te crois, inutile de jurer. Écoute-moi. Il n'y a pas un seul Homère. Nous sommes trois.

Je restai muet. Je m'attendais à tout sauf à cela.

– Lorsque j'eus dix ans, m'expliqua Mèdikès, on m'envoya faire mes études dans une île voisine où je fis la connaissance de deux autres garçons de mon âge, aveugles de naissance comme moi : Rékérion et Hothonon. Très vite, nous devînmes inséparables. Comme tous ceux qui sont privés de la vue, nous avions le même goût pour la poésie et le chant. En grandissant, nous nous racontions tour à tour des histoires... Celles que nos enseignants nous avaient apprises. Mais aussi certains récits traditionnels que nos grands-parents nous avaient transmis : l'histoire de la mythique ville d'Ilion ! Souvent, Hothonon nous racontait l'odyssée d'un voyageur perdu sur l'océan, dont chaque escale était l'objet d'aventures plus extraordinaires les unes que les autres.

– Veux-tu dire que... ?

– Oui. Nous avons relié tous ces récits. Nous les avons améliorés, versifiés, mis bout à bout. Parfois, l'un d'entre nous imaginait un épisode supplémentaire. Au point que, quelques années plus tard, nous aurions été incapables de dire qui avait imaginé quoi.

Perplexe, je murmurai :

– Je n'aurais jamais soupçonné cette imposture-là...

– Une imposture ? Jamais de la vie ! Aussi créatif qu'il se croie, un auteur invente peu. Il est influencé par ses lectures et ses rencontres. Cependant, notre récit est original et collectif.

– Et uniquement oral ?

– Bien sûr. Aucun de nous n'a jamais rien écrit

ni dicté. Même si, déjà, quelques érudits notent de mémoire ce que nous racontons.

– Nous ?... Que veux-tu dire ? Continue ! Qu'est-il arrivé ?

– Le problème, c'est que nous avions une seule et même histoire à conter. Et chacun de nous était en droit de la revendiquer ! Nous avons alors décidé de nous séparer et de gagner notre vie en parcourant la Grèce, sous un seul et même pseudonyme composé de nos trois noms : Homère. Du coup, nous étions condamnés à nous ressembler. À raconter le même récit tout au long de notre vie. Nous étions devenus les otages les uns des autres...

– Celui que j'ai vu à Chios ?...

– C'était Rékérion. Hothonon est mort l'an dernier. Eh oui, Éristhène, nous ne sommes plus que deux.

– Pourquoi m'as-tu révélé ce secret, Mèdikès ? Je ne t'aurais pas tué.

– Oh, je le sais bien ! Je préférais te livrer la vérité car j'ai une proposition à te faire...

– Une proposition ? Laquelle ?

– Vois-tu, je vais bientôt mourir. Rékérion ne tardera pas à me rejoindre. Or, il faudrait que l'*Iliade* et l'*Odyssée* nous survivent...

– Elles survivront ! m'exclamai-je, enthousiaste. Ton œuvre... votre œuvre traversera les siècles. On l'admirera encore dans mille ans !

– À condition, Éristhène, qu'elle soit transmise. Apprise. Et copiée.

– Serait-ce là la mission que tu voudrais me confier ?

Déjà, mon cœur battait de joie et de fierté.

– Oui. Mais il serait imprudent que tu sois le seul à l'assumer. Ne sois pas jaloux, Éristhène. D'autres t'ont précédé, ont commencé... Rékérion, à Chios, a déjà recruté quelques homérides*. C'est ainsi que nous appelons les jeunes aèdes que nous jugeons dignes de nous succéder.

– Veux-tu dire... que nous nous ferons passer pour toi ? Pour vous ?

– Non, bien sûr. Vous transcrirez et apprendrez nos récits. Vous les ferez connaître. Plus vous serez nombreux, plus grandira la renommée de ce mystérieux Homère que la postérité retiendra !

Aujourd'hui, je ne suis plus commerçant. Je suis devenu poète. Plus précisément l'un des nombreux homérides qui, du Pont-Euxin aux Colonnes d'Hercule, parcourent le bassin méditerranéen. Jusqu'à la mort de mon père, j'ai pu cumuler ma fonction d'aède et mon métier de négociant.

Je parcours les îles. Et le soir, je saisis ma lyre. Devant mon public ébloui, je commence à réciter les vingt-huit mille vers de ces deux épopées qui, j'en suis sûr, deviendront le plus fabuleux récit de toute l'histoire de l'humanité.

II

MARATHON

OU LA VICTOIRE EN COURANT

(LE 13 OU LE 21 SEPTEMBRE 490 AV. J.-C.)

AGILE et rapide, Philippidès escaladait la colline qui dominait la mer. Il se répétait l'objectif de sa mission : observer les mouvements de l'armée perse et évaluer le nombre des navires de sa flotte...

Philippidès avait été choisi par Miltiade, qui commandait l'armée grecque, parce qu'il était l'un des meilleurs hoplites*. Aux derniers Jeux olympiques, il avait remporté la course et s'était bien classé dans le lancer du disque et du javelot.

Parvenu au sommet de la colline, il reprit son souffle et scruta la rade.

– Les Perses, murmura-t-il, cœur battant. Ils sont bien là !

Certains navires ennemis avaient accosté. D'autres semblaient stationner au large. Il compta les bateaux et constata, épouvanté :

– Six cents ! Six cents navires armés !

Chacun d'eux transportait près de cent hommes. Environ cinquante mille combattants ! Un chiffre dérisoire pour l'Empire perse, mais colossal face aux neuf mille hoplites athéniens.

– Bien sûr, murmura Philippidès, on doit y ajouter les mille soldats que la ville de Platées, notre alliée, a envoyés. Et peut-être les renforts que Sparte nous a promis. Ah, ceux-là, nous en aurions bien besoin pour affronter l'armée du roi des rois !

Ainsi surnommait-on Darius, le souverain perse. Le jeune hoplite soupira, sûr de périr dans cette bataille. Une mort inutile puisque l'armée perse marcherait aussitôt sur Athènes qui se trouvait à 250 stades[1] de là. Elle y serait peut-être demain...

Depuis un siècle, les Perses ne cessaient d'occuper de nouveaux territoires : la Mésopotamie, la Syrie, la Palestine – et même l'Égypte.

– Leurs troupes débarquent ! nota-t-il en observant l'armée sur la grève. Elles vont forcer le passage et gagner Athènes par la terre.

Miltiade, qui avait prévu cette manœuvre, avait concentré ses troupes en contrebas de la colline, près de la petite cité de Marathon. C'était l'unique accès vers Athènes.

– Nous ne tiendrons pas longtemps, bougonna Philippidès.

Comme il s'apprêtait à redescendre, il vit que le reste de la flotte perse se dirigeait vers le sud au lieu d'accoster. Quant aux premiers navires qui avaient débarqué les soldats, ils rejoignaient la flotte au large ! Il comprit aussitôt la tactique des ennemis :

---

1. Stade : mesure de distance correspondant à 157,5 m (250 stades = 40 km environ).

– Les Perses n'ont laissé sur la berge que vingt mille soldats – largement de quoi nous vaincre ! Le reste de l'armée, resté embarqué sur les navires, va contourner la côte et attaquer Athènes.

La cité était sans défenses : elle avait envoyé son armée ici, dans la plaine de Marathon !

Les tempes en feu, le hoplite descendit la colline et arriva en vue du campement grec. À bout de souffle, il se présenta devant Miltiade, le chef de l'armée.

– Eh bien, Philippidès ? demanda le général de sa voix rauque.

Miltiade était avare de mots. Grand, massif, doté d'une barbe bouclée, c'était un rude gaillard que seules, son audace et ses qualités de meneur d'hommes avaient fait placer à la tête de l'armée.

– Vingt mille Perses sont là ! annonça le hoplite en désignant la grève proche. Mais trente mille soldats sont restés sur les navires. Ils se dirigent vers Le Pirée, le port d'Athènes. Ils vont prendre la cité à revers ! Ils y arriveront demain soir au plus tard.

Le front de Miltiade se plissa. Devait-il ordonner à ses hommes d'abandonner la plaine aux Perses ? De rejoindre au plus vite Athènes pour affronter leur flotte ? Imprudent : le harnachement des hoplites était lourd ; et après ce trajet de quarante kilomètres, ses soldats, épuisés, seraient de plus pris en tenaille par les vingt mille Perses qui débarquaient non loin d'ici et seraient à leur poursuite...

Non, il ne fallait pas tomber dans ce piège.

– Les renforts sont-ils arrivés ? demanda Philippidès.

– Les Spartiates ? Inutile de compter sur eux, grommela le général. Ils nous ont fait savoir que leurs fêtes religieuses leur interdisent de se battre ! Ils doivent attendre la pleine lune. Tous les prétextes leur sont bons pour échapper au combat. Non, mon brave Philippidès, nous ne pouvons hélas compter que sur nous-mêmes !

Miltiade se retourna pour couver du regard ses hoplites qui se harnachaient pour la bataille. Il posa sa main sur l'épaule de Philippidès.

– Vingt mille Perses ont débarqué, dis-tu ? Très bien. Ne perdons pas un instant. C'est nous qui allons prendre l'offensive.

– Que dis-tu ? rétorqua Callimachos, l'un des chefs de l'armée.

– Préfères-tu que nous les attendions ici pour nous faire massacrer ? Ils sont sans méfiance, ils se croient les plus forts. L'effet de surprise sera total. Nous allons attaquer de front et impressionner l'ennemi ! Il faut que les ailes de notre armée soient pourvues des meilleurs hommes. Je ne veux qu'un petit détachement au centre.

– Il ne tiendra pas longtemps ! réfuta l'un des lieutenants.

– Justement. Il reculera, entraînant les Perses dans la plaine de Marathon. Là, nous les prendrons en tenaille.

Les lieutenants se séparèrent pour relayer ces directives à leurs unités. Philippidès regagna son poste et aperçut Gynon. Cet esclave, qu'on venait d'affranchir pour l'enrôler, le pressa de questions.

– D'accord, je te raconte tout. Mais aide-moi à m'habiller !

Pour effectuer sa mission de reconnaissance, il n'avait gardé aucun vêtement. La tenue de hoplite était un véritable harnachement. Philippidès rangea son glaive, ajusta ses jambières de bronze et sa cuirasse. Au moment où il posait son casque sur sa tête, l'ordre de rassemblement fut donné. Il n'eut que le temps de saisir sa longue lance d'une main et de l'autre son bouclier.

En quelques instants, les dix mille fantassins furent déployés sur la plaine. Philippidès était sur l'aile gauche. Le temps était beau et chaud, le soleil culminait au zénith. Au loin, à huit stades de là, les navires perses effectuaient toujours des va-et-vient dans la rade, débarquant chars et chevaux.

Miltiade lança un signal que ses lieutenants répercutèrent :

– À l'attaque ! Au pas de course !

– Au pas de course ? s'étonnèrent les hoplites. Il est fou !

Ils s'élancèrent pourtant, essayant de ménager leurs forces. Cinq minutes plus tard, ils étaient face aux Perses !

Ceux-ci, abasourdis par tant de rapidité et d'audace, furent pris de court. Ils étaient loin d'imaginer que les Grecs, plus faibles en nombre, prendraient l'offensive ! Acharnés, les hoplites du centre de l'armée athénienne firent même de gros ravages. Mais bientôt, les Barbares s'organisèrent. Des archers orientaux, le genou à terre, envoyèrent des volées de flèches vers les Athéniens... y compris vers ceux qui, sur les ailes, entamaient leur approche. L'une d'elles vint se briser sur la cuirasse de Philippidès.

De sa lance, il affronta un Sace – un berger nomade peu rompu au maniement des armes. Après l'avoir tué, il constata que Miltiade avait vu juste : les Perses se laissaient prendre en tenaille par les deux phalanges* grecques déployées !

Le piège se referma sur les Barbares. Les archers durent se résigner à un corps à corps auquel ils étaient mal préparés.

Les Athéniens, au contraire, y étaient très entraînés. Certes, des hoplites tombaient. Mais jamais avant d'avoir causé de lourds dommages à l'ennemi. Les Perses comprirent qu'ils perdaient beaucoup d'hommes et qu'ils ne reprendraient jamais l'avantage !

Leurs chefs clamèrent bientôt l'ordre de battre en retraite.

– Pourchassons-les ! hurlait Miltiade.

Philippidès obéit ; glaive brandi, il se jeta à la poursuite des soldats qui détalaient vers la grève. Là, en débandade, les Perses survivants essayaient de rejoindre leurs embarcations. Déchaînés, des hoplites réussissaient à monter à bord pour combattre encore – et certains se rendaient parfois maîtres du navire !

L'après-midi n'était pas achevé quand les Perses rescapés reprirent la mer. Ils abandonnaient sept vaisseaux aux Athéniens.

Philippidès s'accorda un instant de répit. Il jeta un coup d'œil autour de lui. Le sol était jonché de soldats, pour la plupart ennemis. Beaucoup de blessés hurlaient, suppliant qu'on les soigne ou qu'on les achève. Gynon, comme Philippidès, était indemne. Les pertes athéniennes, qui se montaient à 192 morts, étaient mineures à côté de celles des Perses : on dénombra près de 6400 cadavres !

– Darius aura du mal à se remettre d'une telle humiliation ! cria Miltiade. À présent, il faut prévenir Athènes de notre victoire.

– C'est vrai, s'exclama Philippidès. Les navires perses vont prendre la ville par surprise !

– Oh, après cette raclée, je crois que les Barbares ne se risqueront plus à attaquer ! estima Miltiade en hochant la tête.

Il eut un regard de commisération pour ses hommes tombés au combat. Leurs cadavres avaient été rassemblés au pied de la colline. Il déclara aux hoplites alignés :

– Nous devons à nos morts une sépulture[1] décente. Mais il faudrait que l'un de vous gagne

---

1. Sépulture : tombeau, lieu où est déposé le corps d'un défunt.

la cité au plus vite. Qu'il rassure les Athéniens, les avertisse de notre victoire.

À ces paroles, et malgré leur fatigue, les hoplites levèrent les yeux dans l'espoir d'être désignés. Le regard du général tomba sur Philippidès. Dans un grand rire, il s'exclama :

– Nul mieux que toi, Philippidès, n'est capable et digne d'être notre émissaire. Ne perds pas un instant. Va !

Le jeune Athénien sentit son cœur bondir de fierté. Déjà, Gynon l'aidait à enlever son équipement. En peu de temps, il se retrouva presque nu.

– Penses-tu atteindre Athènes avant la nuit ?

– J'y serai avant ce soir ! Ici, nul n'est plus rapide que moi !

Gynon puis Miltiade en personne lui donnèrent l'accolade. Ses camarades lui firent une ovation.

Et Philippidès s'élança !

Réfrénant son envie de foncer au pas de course, il mena un train rapide et régulier. Très vite, il laissa derrière lui la plaine de Marathon ; il courait maintenant sur un sol sec et pierreux, se frayait un chemin entre des buissons d'épineux, empruntait parfois un sentier – mais le plus souvent il coupait au plus court, le regard accroché au soleil qui déclinait.

Il ralentit l'allure quand il sentit la menace d'un point de côté ; sans s'arrêter, il mesura son souffle et put bientôt reprendre un train encore plus appuyé. La joie de cette victoire rapide et inespérée lui donnait des ailes. Il ne prenait pas garde à la sueur que le vent de sa course évaporait, à ses tempes qui bourdonnaient, à ses muscles douloureux qui se contractaient, à l'oppression de plus en plus tenace qui lui comprimait la poitrine...

Il courait.

Il courait d'une foulée nerveuse et souple, volontaire et mécanique, porté par l'euphorie du récent succès. Enfin, il aperçut, à sa droite, le mont Lycabette ; il sut qu'il était au terme de sa mission.

Quand il parvint aux murs fortifiés d'Athènes, le soleil se couchait. Sans diminuer de vitesse, il adressa un signe amical aux gardiens, franchit la porte de la cité et s'élança dans les rues.

Les passants s'arrêtaient pour voir passer cet athlète au visage radieux.

Philippidès venait de traverser la place du marché quand une douleur violente le terrassa.

Il s'effondra. On se précipita vers lui. Il suffoquait. Sa mâchoire était crispée, ses membres raides. Il lui semblait que tout le haut de son corps était prisonnier d'un étau. Dans la foule, une voix s'éleva :

– C'est Philippidès... l'un des hoplites partis combattre les Perses !

– Je viens... de Marathon, murmura le coureur avec difficulté. Nous sommes victorieux. Les Perses... sont en déroute !

– Ah, Philippidès, s'écrièrent les Athéniens qui l'entouraient, quel soulagement tu nous apportes !

– J'ai fait... le plus vite que j'ai pu !

La jubilation des citoyens était si forte qu'une immense acclamation s'éleva. Une clameur que le héros de Marathon entendit avant de rendre son dernier souffle. Car après l'ultime effort que lui avaient coûté ses paroles... il expira.

Aujourd'hui, Marathon reste dans toutes les mémoires. D'abord grâce à la course olympique rappelant cet exploit ; et ensuite grâce au tumulus qu'on peut voir dans la plaine du même nom... Là sont ensevelies les cent quatre-vingt-douze victimes grecques de cette bataille.

III

LÉONIDAS

OU LE VAINQUEUR DES THERMOPYLES

(AOÛT 480 AV. J.-C.)

– LA SITUATION est grave ! déclara Thémistocle.

Les membres de l'Assemblée, attentifs, approuvèrent leur dirigeant qui poursuivit :

– Voilà cinq ans que notre ennemi Darius, le roi des rois, est mort. Cinq ans que son fils, Xerxès, rumine sa rancœur contre la Grèce. Humiliés par la défaite que nous leur avons infligée à Marathon, les Perses veulent se venger ! Ils approchent d'Athènes...

– Aussi, c'est notre faute ! lança l'un des stratèges*. Rappelle-toi : quand Darius, il y a quelques années, nous a envoyé deux émissaires pour nous demander de lui donner *un peu de terre et d'eau en guise de soumission*, qu'avons-nous fait ?

– Nous les avons mis à mort, admit Thémistocle en soupirant.

– Nous aurions dû négocier ! L'Empire perse nous digère, il est cent fois plus grand que notre pays. Comment résister à cet envahisseur ? Nos cités sont trop divisées...

– Elles ne le sont plus ! trancha quelqu'un d'une voix forte.

C'était Léonidas, le roi de Sparte. Ce souverain avait la beauté d'un dieu. Impressionnée par tant d'assurance, l'Assemblée se tut.

– Nos deux cités, Athènes et Sparte, ont été trop longtemps rivales ! Allions-nous aujourd'hui contre cet ennemi commun.

– Il est temps[1], soupira Thémistocle. Mais voici Arthias et Bulos...

---

1. Sparte avait prétexté des cérémonies religieuses pour ne pas participer à la bataille de Marathon.

L'Assemblée fut stupéfaite : voilà un an, ces espions s'étaient fait enrôler dans l'armée perse. Comme les deux hommes n'étaient pas revenus, on les avait crus tués ou perdus.

Arthias et Bulos semblaient penauds. Sarcastique, Thémistocle jeta :

– Ils se sont fait capturer, évidemment !

– Un général nous a surpris comme nous parlions grec, avoua Bulos.

– Et... il ne vous a pas mis à mort ? s'étonna un stratège.

– Non, expliqua Thémistocle d'un air sombre. Xerxès préférait qu'ils viennent rendre compte de ce qu'ils avaient vu. Raconte, Arthias !

– L'armée perse est gigantesque ! avoua l'espion. Nous l'avons constaté de nos propres yeux. Deux millions d'hommes ! Peut-être trois.

Dans l'hémicycle*, un cri d'effroi jaillit. Ici, on croyait l'armée perse forte de cinq cent mille hommes. Ce qui était déjà effrayant.

– Les généraux ennemis parlent exactement de 2 641 000 soldats, précisa Bulos. Il y a là des Afghans, des Indiens, des Scythes, des Assyriens... Sans parler de la cavalerie, des chars et des éléphants ! À ce chiffre, il faut ajouter autant d'ingénieurs, d'esclaves et de marchands qui suivent l'armée. Une ville investie est ruinée le lendemain. Quand l'armée se désaltère, elle assèche une rivière !

– Ils mentent ! accusa un stratège. Voilà pourquoi Xerxès leur a fait grâce : pour qu'ils nous débitent ces sornettes !

– Non, rétorqua Léonidas. Xerxès espère que ces révélations nous impressionneront et que nous capitulerons sans combattre.

– Comment une telle armée a-t-elle pu franchir l'Hellespont ? s'étonna un autre stratège. Ce bras de mer est si large !

– Grâce à un pont de bateaux fait de six cent soixante-quatorze navires ! répondit Bulos. On fouettait les animaux, apeurés, pour qu'ils avancent entre des palissades de bois.

– Des palissades ? répéta Léonidas.

– Oui. Les Perses les ont édifiées à l'aide du bois des forêts voisines, ajouta Arthias. En sept jours et sept nuits, l'armée a franchi l'Hellespont à pied sec.

– Pendant ce temps, poursuivit Bulos, la flotte longeait la côte. Les Perses ont même décidé de faire emprunter un raccourci à leurs navires : ils ont creusé un canal de deux kilomètres près du mont Athos !

Ces révélations laissaient l'Assemblée muette.

– La Perse possède donc une flotte si importante ? demanda-t-on enfin.

– Mille deux cents vaisseaux, révéla Arthias. Tous armés par les Phéniciens qui, comme chacun sait, sont les maîtres de la mer. Xerxès progresse lentement, impitoyablement. Son armée a envahi et pillé la Thrace et la Macédoine. Aujourd'hui, elle se trouve tout près d'ici, en Thessalie.

– Donc Athènes est perdue ! lancèrent les stratèges d'une seule voix.

– Pas encore ! rétorqua Léonidas.

Devant l'Assemblée en état de choc, le roi de Sparte affirma :

– La montagne du Péloponnèse nous protège. Elle forme un rempart difficile à franchir pour des millions de soldats.

– Ils passeront par les Thermopyles ! déclara Thémistocle. Cette longue vallée étroite est la seule entrée possible.

– Exact ! répondit Léonidas. Ce qu'ils ignorent, c'est que ce goulet, à sa sortie, ne possède que la largeur d'un chemin. Deux chars n'y avanceraient pas de front. C'est là que nous attendrons les Perses !

– Nous ne disposons que de quatre-vingt mille hoplites, grommela Thémistocle.

– C'est dérisoire, face à trois millions de soldats perses ! lança quelqu'un sur les gradins.

– Oui, admit Léonidas. Seulement le défilé des Thermopyles est si exigu que les Perses devront y pénétrer en file étroite. Seul un petit nombre d'entre eux sera en mesure de nous affronter.

– Certes. Mais nos soldats finiront par faiblir et céder ! soupira Thémistocle. Et puis nous oublions leur énorme flotte...

– Si nous sommes vaillants et déterminés, insista le roi de Sparte, nous impressionnerons les Perses ! Ils se souviennent de Marathon. Ils hésiteront, reculeront... et – qui sait ? – renonceront !

Le plan était audacieux. Comme personne n'envisageait de capituler sans combattre, Thémistocle, solennel, déclara :

– Je propose de remettre notre sort entre les mains du roi de Sparte. Confions-lui notre armée. L'un de vous y serait-il opposé ?

On vota ; et Léonidas l'emporta.

Le lendemain, dès l'aube, l'armée athénienne se mit en marche. Elle atteignit les Thermopyles quelques jours plus tard. De hautes falaises rocheuses faisaient de ce boyau une gorge étroite et sinistre.

À présent, le jeune roi était inquiet. S'il avait proposé cette action de bravoure, c'était surtout pour relever l'honneur de Sparte qui avait refusé de combattre à Marathon.

Il répartit ses hommes avec soin, dispersa des

guetteurs sur les hauteurs et, pour connaître les positions ennemies, dépêcha quelques éclaireurs.

Ils revinrent le soir même :

– L'avant-garde de l'armée approche. Elle sera là demain !

– Arthias et Bulos n'ont pas menti : c'est une marée humaine... des soldats, des soldats, aussi loin que porte le regard !

Léonidas décida de prendre un peu de repos.

Au milieu de la nuit, le chef de sa garde personnelle le tira du sommeil. Il bondit, le glaive à la main.

– L'armée perse, déjà ?

– Non. C'est bien pire, Léonidas : nous avons été trahis !

– Trahis ? Que veux-tu dire ?

– Hier soir, expliqua le lieutenant en désignant la falaise, un berger a aperçu notre armée se déployer dans le défilé. Il a abandonné ses moutons et a rejoint sa cité, Trachis. Ses habitants sont passés dans le camp ennemi. Ils sont si sûrs de la victoire des Perses qu'ils les ont avertis de notre piège. Ils espèrent ainsi obtenir leur clémence.

– Des collaborateurs... les misérables ! gronda Léonidas.

Il se demandait s'il devait abandonner ce poste stratégique.

– Envoie des guetteurs observer les mouvements de leur armée !

Le soleil se leva. Impatients de se battre, les hoplites attendaient. En vain. C'est seulement le soir que les guetteurs réapparurent :

– C'est une catastrophe ! Les Perses ont divisé leurs forces !

– Eh oui, Léonidas : à l'heure qu'il est, leur flotte longe la côte.

C'était ce qu'il redoutait : Athènes allait être prise à revers !

– Soit. Replions nos hoplites vers la cité afin qu'ils la défendent, décida Léonidas.

– Hélas, environ cent mille hommes se dirigent vers le défilé, révéla l'un des guetteurs. Ils seront ici à l'aube. Au plus tard à midi.

Le jeune roi admirait la tactique de l'ennemi. Si les Grecs abandonnaient les Thermopyles, les Perses qui emprunteraient le défilé parviendraient à Athènes encore plus vite !

– Nous devons donc diviser nos forces, nous aussi, décida-t-il.

– Pour défendre deux lieux à la fois ? Nous sommes déjà si faibles en nombre !

– C'est surtout à Athènes que notre armée doit faire front ! Pour défendre l'accès à ce défilé, il me faut... trois cents hommes.

Autour du jeune roi, le silence s'était fait. Gravement, il reprit :

– Ils seront massacrés. Mais ils pourront infliger aux Perses de lourdes pertes. Retarder leur avance. Donner à notre armée le temps de rejoindre Athènes pour qu'elle puisse la défendre.

Dans la nuit naissante, les hoplites se regroupaient autour du roi de Sparte. D'une voix forte, il décréta :

– Partez dès maintenant. Exigez que les Athéniens quittent la cité. Il faut que les Perses trouvent une ville morte ! Je ne veux ici que trois cents hommes prêts à donner leur vie...

À ces mots, tous les soldats spartiates s'avancèrent. Tous.

Ils étaient des milliers. Parmi eux, les jeunes semblaient les plus déterminés ; certains n'avaient qu'un duvet aux lèvres. Léonidas sentit les larmes lui monter aux yeux.

– Je ne veux que des hommes mariés qui ont au moins un garçon dans leur foyer ! Sparte doit survivre...

Les volontaires étaient encore des centaines. Léonidas les choisit avec soin. Quand il en écartait un, celui-ci baissait la tête, humilié. L'armée ayant quitté les lieux, ne restèrent, dans ce défilé sinistre, que trois cents vaillants Spartiates... et leur chef.

Comme prévu, à l'aube, les Perses apparurent au bout du défilé, progressant en file indienne dans la gorge étroite. Le roi de Sparte et ses trois cents hoplites les combattirent avec fougue, méthode et détermination.

Pendant les premières heures du matin, il n'y eut aucune victime du côté grec : disciplinés, formés au corps à corps, les Spartiates pourfendaient rapidement leurs ennemis. Les Perses qui avançaient dans les Thermopyles durent bientôt escalader des centaines de cadavres !

Côté perse, les pertes s'élevaient à plusieurs milliers mais les premiers Spartiates commencèrent à s'effondrer. Car les Barbares ne laissaient aucun repos aux Grecs ; épuisés par ce combat sans répit, ils devaient faire face à un adversaire frais et dispos. Léonidas allait de l'un à l'autre de ses hommes, les encourageait de la voix, venait au secours de ceux qui lui paraissaient en difficulté.

Sa stature et sa vaillance forçaient l'admiration de ses ennemis. Ils se demandaient si ce colosse invincible n'était pas Héraklès ressuscité.

Avec la nuit qui tombait, Léonidas espéra que les Perses feraient une pause. Mais elle fut bien longue à arriver...

Le combat cessa quand des nuages voilèrent la lune et le ciel étoilé. Des mourants gémissaient dans l'obscurité, souvent dans une langue inconnue. Léonidas, blessé à la jambe, tenta d'arrêter le sang qui coulait. Il pria les dieux de le laisser assez vaillant pour qu'il puisse reprendre la bataille à l'aube...

Et il s'assoupit.

Aux premières lueurs du jour, il fut réveillé en sursaut par des cris : les archers perses avaient profité de la nuit pour gagner les hauteurs. Ils décochaient leurs flèches sur les Spartiates endormis !

Le combat reprit. Léonidas compta ses hommes. Il n'en restait plus qu'une centaine.

Comme la veille, ses hoplites se défendirent d'abord avec une énergie farouche. Mais, la fatigue aidant, ils tombèrent les uns après les autres. Pour la première fois, Léonidas dut battre en retraite.

Il gravit la falaise et se retourna pour l'affrontement final. Là, il sut que c'était la fin : dans le défilé, piétinant des milliers de cadavres amoncelés, l'armée perse s'étirait à perte de vue... Mais surtout, il ne restait plus qu'une quinzaine de Spartiates à leur faire face. Afin de les encourager, Léonidas hurla :

– Pour la liberté, pour la Grèce... et pour Sparte !

Au même instant, une flèche l'atteignit en plein cœur.

Il était midi.

Les Perses ne franchirent les Thermopyles qu'après avoir enterré et compté leurs victimes. Ils en dénombrèrent vingt mille...

Si la bataille des Thermopyles fut une défaite grecque, le sacrifice de Léonidas et de ses Spartiates permit aux Athéniens de fuir et de se ressaisir. Repliée non loin d'Athènes, à Salamine, l'armée grecque utilisa sa flotte pour mettre les Perses en déroute le 29 septembre. Et c'est l'année suivante, en 479 avant Jésus-Christ, à Platées, que Xerxès s'avoua définitivement vaincu.

Pour rendre hommage aux trois cents hoplites

tombés aux Thermopyles, un monument fut érigé à leur mémoire. On y lisait, gravé dans le marbre :

ÉTRANGER, VA DIRE À SPARTE
QUE NOUS SOMMES TOMBÉS ICI
POUR OBÉIR À SES LOIS.

En réalité, parmi les hommes de Léonidas, deux n'avaient pas péri ; blessés, ils s'étaient simplement évanouis.

Le premier mourut glorieusement à la bataille de Platées. Honteux d'avoir survécu, le second se pendit.

IV

ANAXAGORE

OU LA PIERRE DU PHILOSOPHE

(VERS 466 AV. J.-C.)

DANS le crépuscule naissant, un trait de feu traversa le ciel. Anaxagore cria au petit Socrate :

– Vite ! Regarde...

Trois secondes plus tard, un grondement ébranlait le sol. Ébahi par ce prodige, l'enfant le nicha dans sa mémoire.

– Maître, qu'est-ce que c'était ? demanda-t-il.

– Euh... pourquoi pas un éclair et le tonnerre ?

– Un orage sans nuage ? C'est impossible.

Satisfait, Anaxagore approuva. Malgré son jeune âge, Socrate faisait preuve d'une intelligence aiguë et d'une curiosité insatiable. L'enseignant ne regrettait pas de l'avoir emmené quelque temps loin d'Athènes, dans cette nature propre à éveiller son esprit.

– Maître, quelle est cette fumée qui s'élève à l'endroit où l'étrange foudre est tombée ?

– Je l'ignore. Viens, Socrate. Rentrons, le soir tombe.

Le philosophe entraîna son élève vers la ville de Lampsaque. Il y possédait une propriété où il aimait se retirer l'été. Ils arrivaient à destination quand un serviteur courut au-devant d'eux, excité et essoufflé.

– Maître ! s'écria-t-il. Les dieux se sont manifestés près du fleuve Aigos Potamos ! On y a vu la terre se soulever. Le sol fume encore...

– C'est donc là que le phénomène s'est produit, dit Anaxagore.

Il examina le ciel, très dégagé, et nota la présence de la lune.

– Socrate ! fit-il soudain. Ce fleuve n'est pas si loin. Si nous partons maintenant...

– Oh oui, allons-y ! répondit l'enfant, les yeux brillants.

Ils se mirent en route aussitôt. La nuit tombait.

– Pensez-vous que ce soit là un signe de Zeus ? demanda Socrate.

– Non. Tu sais bien que ce n'était pas un éclair[1].

– Cela ressemblait plutôt à... une flèche enflammée, n'est-ce pas ?

Cette comparaison lui sembla pertinente : une flèche née du ciel et piquant droit vers le sol !

Tandis qu'ils cheminaient, les étoiles s'allumaient. C'était une soirée paisible, banale. Pourtant, Anaxagore devina que cette promenade était un moment exceptionnel dans son existence.

Lorsqu'ils parvinrent en vue du cours d'eau, ils aperçurent sous la lune, près du fleuve, un énorme cratère qui fumait légèrement. Son diamètre

---

1. Maître des phénomènes célestes, Zeus était souvent représenté la foudre à la main.

dépassait trois stades. Là stationnaient de nombreux badauds, hésitant entre effroi et curiosité.

Dans la foule, des voix s'élevèrent :

– Voilà Anaxagore !

– Ah, Maître, expliquez-nous ce signe des dieux !

– Ne dirait-on pas que mille charrues viennent de retourner la terre ?

– N'est-ce pas le pied de Zeus lui-même qui s'est posé ici ?

La terre, après s'être soulevée, s'était figée en une vaste dune circulaire. Anaxagore l'escalada, descendit vers le centre du cratère. Il soupçonnait qu'avait eu lieu ici un événement extraordinaire – mais le mettre sur le compte les dieux était trop facile. Ici, le sol fumait encore et brûlait la plante des pieds...

– Rentrez chez vous ! jeta-t-il aux curieux. Il n'arrivera plus rien.

À regret, les badauds s'éloignèrent.

– Il s'agit d'un phénomène naturel, dit le philosophe à mi-voix.

– Lequel ? demanda Socrate qui, du pied, soulevait quelques cailloux.

– À mon avis, un objet est tombé du ciel.

L'enfant resta un long moment bouche bée. Puis il demanda :

– Le géant Atlas, qui soutient notre Terre, aurait-il jeté cet objet ?

– Je ne crois pas à l'existence de ce géant, Socrate. Ni à la théorie d'Anaximandre. Il prétend que la Terre est un astre plat isolé dans l'univers. Mais moi, je pense, comme le supposait Pythagore, que notre Terre est sphérique. Qu'elle ne ressemble pas à un disque mais à une balle.

– Et... sur quoi reposerait cette balle ?

Anaxagore grimaça ; il n'avait pas de réponse à cette question.

– Anaximandre, reprit Socrate, affirme aussi que les étoiles sont des trous dans la toile du ciel ! Et vous, Maître, que croyez-vous ?

– Qu'elles sont, comme notre Soleil, des astres qui brûlent d'un feu réel et produisent leur propre lumière...

Le jeune Socrate était stupéfait. Ces théories étaient en totale contradiction avec ce que l'on savait – ou croyait savoir – du ciel.

– Anaximandre, ajouta l'enfant, assure que la Lune et le Soleil se trouvent plus loin que les étoiles !

– Eh bien moi, Socrate, je suis sûr que la Lune est plus proche de la Terre que le Soleil et donc plus petite que lui. Quant aux étoiles, vu leur faible clarté, elles doivent être à des distances énormes.

Après un temps de silence, Socrate, incrédule, désigna le sol :

– Alors... une petite étoile serait arrivée jusqu'à nous ?

Socrate s'accroupit, cherchant un objet qui aurait diffusé de la lumière. Anaxagore l'arrêta en lui affirmant :

– Oh, les étoiles et le Soleil sont plus gros que le mont Olympe... plus massifs que le Péloponnèse ! La Lune elle-même, comme les autres astres, doit être un corps pierreux et pesant...

Une fois de plus, Socrate ouvrit la bouche, ébahi.

– Si la Lune est pesante, comment peut-elle être ainsi suspendue ?

– Imagine que la Lune ait pu autrefois être arrachée à la Terre ! Elle est entraînée et tenue à sa place par l'effet de cette même révolution.

– Je comprends, murmura l'enfant. En ce cas, des morceaux de Lune ou des débris d'autres astres non soumis à cette révolution retomberaient parfois sur la Terre ! Serait-ce ce que nous aurions vu ?

– C'est ce que je pense, oui : nous avons aperçu un objet errant dans le ciel. En frottant les particules d'air en suspension, il est devenu incandescent... puis il a percuté la Terre !

– En ce cas, dit Socrate, nous devrions le retrouver.

Fébriles, les voyageurs s'agenouillèrent et fouillèrent le sol. Anaxagore repéra, parmi la terre ocre, un caillou noir et luisant. Son apparence ne rappelait rien de connu. À peine l'eut-il en main qu'il hurla de douleur et le lâcha. L'enfant se précipita.

– Maître ! Qu'avez-vous ?

– Cette pierre est brûlante !

Ils l'observèrent à distance. Socrate cria soudain :

– Regardez... Un caillou identique, ici ! Et là, encore un, plus petit !

La curiosité était la plus forte. Socrate effleura un des cailloux du doigt, le caressa – et le saisit pour le faire rebondir dans sa paume.

– On peut tenir en main celui-ci sans se brûler... Tenez.

Anaxagore prit l'objet. Malgré sa petite taille, il lui parut très lourd. Perplexe, il le posa à terre près du premier. Socrate demanda :

– Pourquoi y a-t-il plusieurs cailloux ?

– Il n'y en avait sûrement qu'un, à l'origine. À mon avis, en heurtant le sol, il s'est brisé et ses morceaux se sont éparpillés. Comme ceci...

Anaxagore prit une motte de terre, la lança. En retombant, elle éclata et se dispersa. Socrate éclata de rire.

– D'accord. Mais vous n'avez pas fait grand dégât ! Pourquoi le projectile qui est tombé a-t-il provoqué, lui, un tel cataclysme ?

– Parce qu'il était dense, lourd – et allait beaucoup plus vite.

L'enfant médita ces déductions et s'exclama :

– Maître, la première pierre que vous avez ramassée n'est plus si brûlante ! À présent, je peux la tenir dans ma paume !

– Eh bien, garde-la, Socrate. Garde-la en souvenir...

Tandis qu'ils rentraient dans la nuit baignée par le clair de lune, l'enfant sentait l'objet refroidir dans sa main.

Mais il se souviendrait toujours du feu qu'elle avait porté en elle. Le feu du ciel. Un feu qui n'avait plus rien de surnaturel ; et un ciel dont les dieux étaient peut-être absents.

Anaxagore revint à Athènes. Il y reprit ses cours magistraux.

Socrate grandit et fréquenta d'autres enseignants.

Des années plus tard, les Athéniens assistèrent à un prodige : le Soleil commença à s'obscurcir ! Sa clarté fut lentement dévorée par un croissant de nuit. À midi, l'astre du jour était devenu un cercle noir ! Dans le ciel, des étoiles apparurent. Puis le Soleil, peu à peu, se dégagea de cette gangue d'ombre et se remit à briller.

Le lendemain, dans le gymnase* où il enseignait, Anaxagore fut interrogé par ses élèves :

– Maître, avez-vous une explication au prodige céleste d'hier ?

– Oui. J'appelle ce phénomène une éclipse. Au cours du mouvement régulier qui régit les astres, la Lune s'est interposée entre le Soleil et la Terre. Preuve que la Lune est plus proche de nous que le Soleil.

Dans l'assemblée jaillirent des cris de stupéfaction ou de doute.

Soudain, une voix sévère s'éleva :

– Anaxagore... cette fois, tu vas trop loin !

Périclès se tenait sur le seuil de la salle. Homme politique prestigieux, il passait pour gouverner avec modération et sagesse.

– Je suis ravi de ta visite, lui dit le philosophe en souriant. Ah, je n'oublie pas que tu fus autrefois l'un des mes plus brillants élèves...

– Hélas, Anaxagore, je viens, au nom de l'ecclésia*, te demander de ne plus semer d'idées impies[1] ! Tes hypothèses sur le ciel et l'univers défient les dieux... À cette accusation, que réponds-tu ?

– Que le ciel et la Terre n'ont pas besoin des dieux. Qu'il faut laisser les dieux à leur Olympe et les hommes à leur monde.

– Ne m'oblige pas à rompre notre vieille amitié, soupira Périclès. Cesse d'enseigner de telles inepties !

– Je laisse mes élèves libres de leurs opinions. Laisse-moi donc libre de dispenser les miennes !

Dans le gymnase, le silence était devenu tendu.

– Anaxagore, reprit Périclès d'une voix basse et ferme, je continue à t'accorder mon soutien...

1. Impie : qui n'a pas de religion, ou qui voue du mépris à la religion.

mais par pitié, cesse de bousculer la tradition !

– Autant m'imposer le silence ! Priver un savant ou un philosophe d'hypothèses et de réflexions, c'est couper les ailes à un oiseau.

– Si tu t'entêtes, on te condamnera à l'exil.

– Se taire et ne plus penser serait pire que d'être exilé. Je préfère vivre libre ailleurs plutôt qu'être ici prisonnier.

Quelques jours plus tard, Anaxagore était chassé d'Athènes.

Il s'était retiré à Lampsaque.

L'exil supposait aussi la privation de ses biens. Anaxagore, qui avait connu célébrité et opulence, devint un inconnu démuni de tout. Ses anciens élèves n'avaient même plus le droit de lui rendre visite. Il vivait d'aumônes et se consacrait, malgré son dénuement, à l'écriture d'un ouvrage majeur : *De la nature*.

Un jour, le grand Périclès arriva à Lampsaque. Très ému, il vint s'incliner devant le vieux philosophe.

– Noble Anaxagore, je te supplie de revenir avec moi à Athènes.

– En reniant ma pensée ? Il n'en est pas question. D'ailleurs, il est trop tard : ce n'est pas quand la lumière d'une lampe est éteinte qu'il faut y verser de l'huile.

– Aurais-tu oublié Athènes, ta patrie ?

– Ma seule patrie est l'univers. L'homme est né pour contempler les astres, affirma le savant en désignant le ciel.

Peu avant de mourir, Anaxagore reçut la visite d'un voyageur à la stature imposante et aux sandales usées. Il avait dû marcher longtemps.

– Que me veux-tu, étranger ? bougonna le philosophe.

– Je défie les lois pour venir te remercier, Anaxagore.

– Me remercier ? Et de quoi ?

– De tes leçons. Sans elles, je ne serais pas devenu un philosophe.

– Qui es-tu ? Je ne te reconnais pas.

La vue d'Anaxagore avait faibli. L'inconnu lui révéla :

– Je répands mon enseignement comme tu me l'as autrefois appris : en parcourant et en observant le monde. Je montre que nous n'avons accès qu'à l'apparence de la vérité... Te souviens-tu de ceci ?

Le voyageur tendit quelque chose au vieillard.

– Je ne vois rien, grommela ce dernier. Qu'est-ce que c'est ?

Quand Anaxagore eut en main ce caillou noir comme la nuit, d'un coup, il se souvint. D'une voix brisée par l'émotion, il s'écria :

– Ah, Socrate !

Ils tombèrent dans les bras l'un de l'autre. Au milieu de ses larmes, Anaxagore balbutia :

– Cher Socrate, ta réputation est venue jusqu'à moi. Ainsi, l'élève a dépassé son maître ! Prends garde : à ce que l'on dit, on t'accuse de corrompre la jeunesse. Tu professes des opinions impies !

– Bien sûr : ce sont les tiennes.

– Sois prudent. Imagine que l'on te condamne à l'exil, toi aussi !

– La condamnation peut être un hommage. Tu me l'as aussi appris.

Socrate ne croyait pas si bien dire : sa condamnation serait plus cruelle que celle de son maître...

V

ASPASIE

OU PÉRICLÈS A TROUVÉ SON MAÎTRE

(432 AV. J.-C.)

QUE possède-t-il encore, celui qui a vu partir son épouse et demeure solitaire en ce monde ?
(Épitaphe de Marathonis à son épouse Nicopilis)

– Je t'aime, Aspasie. Davantage encore qu'il y a vingt ans.

Comme chaque matin avant de partir vers la Pnyx*, Périclès serra longuement Aspasie contre lui et l'embrassa.

Attendrie, elle soupira. Elle refermait la porte du logis quand un jeune homme qui attendait dans l'ombre bondit sur le seuil et entra.

– Alcibiade ! s'écria-t-elle, étonnée. Toi, déjà ?

– Ah, chère Aspasie ! s'exclama le nouveau venu en se jetant à ses pieds. Je t'en supplie, écoute ma plainte : je meurs d'amour pour toi !

D'abord stupéfaite, elle prit le parti d'éclater de rire.

– Viens, lui dit-elle. Tu es le premier des invités. Que veux-tu boire ?

– Je suis très sérieux ! affirma l'autre sans se relever. Depuis que je te connais, je suis amoureux... Ta beauté me fascine. Oui, je t'aime !

Aspasie ne sut quelle attitude adopter. Elle n'appréciait guère Alcibiade et s'en méfiait beaucoup. Intelligent et débauché, le jeune homme accumulait provocations et scandales ; mais elle ne pouvait pas le congédier. C'était le neveu de Périclès et l'élève favori de Socrate ! D'un ton plus sec, elle lui jeta :

– Ne sois ni impertinent ni stupide. D'ordinaire,

c'est aux femmes du Pirée que tu t'en prends ! Oublies-tu que je pourrais être ta mère ? Et surtout, j'aime Périclès et je lui suis fidèle !

– Oh, rien ne t'y oblige ! Tu n'es pas sa femme, après tout !

Aspasie blêmit sous l'insulte et essaya de se contrôler. En fait, le jeune insolent disait à voix haute ce qu'Athènes murmurait : elle passait pour une intrigante, une courtisane qui avait séduit un homme politique important.

– Ta beauté m'a toujours séduit, Aspasie ! reprit le jeune Alcibiade en la couvant d'un regard brûlant. Ta conversation, ta culture soulèvent mon admiration. Tu es la femme la plus désirable de toute la Grèce ! Comment peux-tu douter de ma passion ?

Elle doutait surtout de sa sincérité ! Si Alcibiade la jugeait si séduisante, s'il désirait l'ajouter à ses conquêtes, c'était par défi, par ambition. Ou pour nuire à Périclès, dont il enviait le bonheur.

Elle cherchait comment ne pas lui montrer sa répulsion. De nouveaux arrivants la tirèrent d'embarras. Elle s'exclama :

– Sophocle ! Phidias ! Hérodote... Ah, quelle joie de vous voir !

Ces trois-là étaient des amis inséparables. À soixante-quatre ans, Sophocle était l'écrivain le plus célèbre du moment. Plus jeune, l'aristocratique Hérodote était déjà l'historien officiel d'Athènes. Quant à Phidias, il était le héros de la cité : Périclès avait confié à cet architecte le soin de la rénover. Jamais la splendeur des monuments athéniens n'avait suscité tant d'admiration.

– Eh bien, quelles nouvelles ? demanda Aspasie en invitant ses hôtes à prendre place.

Elle claqua dans ses mains ; de tous côtés jaillirent des serviteurs qui s'empressèrent d'apporter des boissons fraîches, des vins, des fruits et des plats qui dégageaient un fumet exquis.

– Ah, s'écria Sophocle, tu nous reçois toujours comme des princes. Participer à ton cénacle* est un plaisir et un honneur.

– Vous n'avez pas répondu à ma question, dit-elle. Les nouvelles ?...

Un silence embarrassant s'installa.

– Ma foi, elles ne sont pas trop bonnes, grommela enfin Hérodote.

– Thucydide, l'opposant à Périclès, complote ! expliqua Phidias. Il reconstitue des clubs d'aristocrates et va nous créer des ennuis...

Ce n'était pas le vrai sujet de l'inquiétude ambiante, Aspasie le devinait. Certes, Périclès faisait des envieux. Depuis bientôt trente ans, il gouvernait Athènes et était réélu. On lui avait confié une autorité absolue qu'il n'avait même pas réclamée !

L'arrivée de Socrate fit diversion. Il aperçut Alcibiade et se précipita dans ses bras. Gênée, Aspasie dissimula une grimace.

– Cher Alcibiade ! disait le philosophe à son élève. Mais quelle est cette vilaine robe pourpre dont tu t'es affublé ? N'as-tu pas honte ?

– Il devrait ! jeta Aspasie. Mais il aime la provocation...

– Et ton chien, Alcibiade ? demanda Socrate. Celui que tu as payé... Combien ? Sept mille drachmes* ? Quelle folie !

– Je lui ai coupé la queue avant-hier, répondit-il avec un rire satisfait.

Les invités le considérèrent en écarquillant les yeux.

– Quoi ? fit le philosophe. Mais tu es fou ! Pourquoi as-tu fait cela ?

– Quand j'ai dépensé une fortune pour cet animal, répliqua le jeune homme très content de lui, tout Athènes en a parlé pendant deux décades. Mais depuis quelques jours, les conversations s'apaisaient. Je voulais trouver une bonne raison de les relancer...

L'anecdote n'étonna pas Aspasie. Le neveu de Périclès était vaniteux et cruel, il aurait tué père et mère pour faire jaser.

– Quel chef-d'œuvre nous prépares-tu ? demanda-t-elle à Sophocle, soucieuse de trouver un sujet de conversation plus intéressant.

– Je travaille à un *Œdipe Roi,* répondit l'écrivain... Mais je doute qu'il ait le même succès que mon *Antigone.* En fait, l'auteur qui monte, chère Aspasie, c'est Euripide. N'est-ce pas, Socrate ?

Le philosophe approuva, ajoutant :

– Mais ses pièces ont peu de succès. On lui reproche de s'écarter des traditions. Pourtant, Euripide sait mieux que quiconque décrire les passions humaines ! Son seul défaut est de croire, comme Thucydide, la femme inférieure à l'homme. Il m'a confié qu'il préparait une tragédie sur la magicienne Médée. Vous savez, celle qui tua ses enfants pour se venger...

– Je suis impatient de voir cette pièce ! s'écria Sophocle. Les personnages d'Euripide sont si vrais, ses dialogues si réalistes ! J'aime ses héros ! Contrairement à ceux de notre collègue Eschyle, qui remettent leur sort entre les mains des dieux, ceux d'Euripide veulent être maîtres de leur destin !

Le silence retomba. Il devint si épais qu'Aspasie elle-même ressentit de la gêne. Passant du coq à l'âne, Hérodote demanda :

– Aspasie, est-il vrai que la mère de Périclès, six jours avant sa naissance, rêva qu'elle était menée dans le lit d'un lion ?

– C'est exact. Et quand son fils vint au monde, chacun fut frappé par l'aspect allongé et monstrueux de sa tête !

Chacun rit poliment avant de replonger dans le silence. Seul Alcibiade paraissait à l'aise : il se goinfrait en regardant Aspasie avec un regard goulu, plein de vanité, d'arrogance et d'envie.

– Dites-moi ce qui se passe, fit-elle en les fixant l'un après l'autre. Que me cachez-vous ?

– Cela fait longtemps que tu vis avec Périclès ? demanda soudain Phidias.

C'était à peine une question. Plutôt une constatation. Presque un reproche, faillit-elle noter. Ou le début d'un interrogatoire ? Elle n'avait aucune raison de l'éviter.

– Vingt ans. Vous le savez tous très bien.

– Et comment as-tu fait sa connaissance ? insista l'architecte.

Elle traduisit : *Comment une jeune inconnue, une étrangère sans fortune, était-elle parvenue à séduire celui qui, déjà, passait pour l'homme politique grec le plus en vue ?*

– C'est simple, révéla-t-elle avec franchise. J'avais seize ans quand j'ai, avec mon amie Thargélie, quitté notre île natale de Milet pour venir à Athènes. Je devais y retrouver mon compatriote Hippodamos...

– L'architecte ? Je le connais bien ! confirma Phidias à ses amis.

– C'est lui qui m'a présenté Périclès, poursuivit Aspasie dont l'émotion renaissait à l'évocation de ce souvenir. Il avait quarante-trois ans. Il était beau comme un dieu... Mais il était marié. Depuis sept ans. Et il avait deux enfants.

– Xanthippos et Paralos, rappela Phidias. Ah, leur mère était... comment dire ?

– D'une excellente famille ! répondit charitablement Aspasie.

– En effet, reconnut Phidias, et elle était la cousine de Périclès ! Mais elle n'avait aucune envergure. Aucune ambition. Aucune culture. Elle était si peu attachée à son époux qu'elle accepta vite le divorce qu'il lui proposa. Oh, elle s'est aussi vite consolée que tu as séduit...

Confus, il se tut. La compagne de Périclès rectifia :

– Je n'ai pas du tout séduit Périclès. Je l'ai croisé, à plusieurs reprises. À l'agora. Au théâtre. C'est sans doute là qu'il m'a remarquée, perdue parmi les trente mille spectateurs qui assistaient à une pièce d'Eschyle. Le lendemain, Thargélie est venue me voir pour m'entraîner au Céramique...

– Le Céramique ? s'étonna Sophocle. Quelle drôle d'idée !

Ce faubourg était proche du jardin de l'Académie où se trouvaient les sépultures des plus glorieux soldats tombés au combat.

– Je sais qu'il s'agit d'un quartier mal fréquenté, reconnut Aspasie.

– Pas du tout ! jeta Alcibiade en ricanant. J'y vais souvent. C'est toujours là que les femmes légères vendent leurs charmes. On y trouve des bosquets, des porches, des abris... j'adore !

– Alors tu dois le savoir, Alcibiade : quand un Athénien est amoureux... ou qu'il cherche à avoir un rendez-vous galant, il le fait savoir en griffonnant sur le mur un poème ou un mot doux, qu'il signe. Et il nomme, bien sûr, la personne qu'il désire rencontrer.

– Ne nous dis pas que Périclès ?... bredouilla Phidias.

– Non. Pas lui ! l'interrompit Aspasie. L'un de ses amis, bien intentionné, a publiquement inscrit combien Périclès avait été séduit par celle qu'il croyait savoir se nommer Aspasie. En déchiffrant cette inscription, j'ai souri. Mais j'ai surtout été troublée quand Thargélie m'a révélé que chaque soir, Périclès en personne s'attardait au Céramique, passait par le jardin et restait quelques instants à guetter du côté de ce graffiti ! Je vous l'avoue : je n'ai pas résisté...

– Tu es venue ?

– Le lendemain soir, oui. C'est ainsi que nous avons fait connaissance. Nous nous sommes aimés. Je croyais que c'était sans lendemain. Périclès a voulu que nous nous revoyions. Mon amour pour lui devint profond. À cette époque déjà, il était le plus loyal et le plus admirable des hommes.

Émue par ces lointains souvenirs, Aspasie réprima un soupir. Ses amis l'observaient, visiblement ennuyés, lorsque de nouveaux philosophes se présentèrent : Protagoras et son collègue Zénon. Deux savants, des habitués du « cercle d'Aspasie ».

Leur mine consternée l'alerta.

– Installez-vous, ordonna-t-elle. Et annoncez-moi vite cette mauvaise nouvelle que vos prédécesseurs n'osent pas me révéler !

Ils se consultèrent du regard. Protagoras déclara :

– Aspasie... l'Assemblée du peuple va bientôt te traduire devant le tribunal populaire pour t'intenter un procès.

Elle accusa le coup, fit bonne figure et tenta de sourire.

– Je m'y attendais depuis longtemps. Et de quoi m'accusera-t-on ? D'être la compagne du *strategos autokrator** ? De lui avoir donné un enfant ?

– Oui, répondit tout net Protagoras. Ce sont les crimes dont tu devras répondre : être une vulgaire hétaïre* qui a débauché Périclès l'Olympien, afficher une liberté de pensée et de mœurs qui scandalise les Athéniens. À leurs yeux, tu es un exemple déplorable pour leurs épouses.

– Les vraies raisons, murmura Phidias, sont tout autres, tu le sais...

Elle hocha lentement la tête.

Ce n'était un secret pour personne : depuis vingt ans, Périclès n'agissait que sur les conseils de celle qui partageait sa vie.

– Périclès néglige la cité, risqua Zénon. Il ne fréquente plus les citoyens. Il se contente d'aller à l'Assemblée et rentre en hâte dans son foyer.

– Pour résumer, avoua Phidias à voix basse, la population te reproche l'influence que tu as sur lui. Souviens-toi, Aspasie, de ce que disait Thémistocle en montrant son fils de cinq ans aux Athéniens : « Voyez ce bambin ! Eh bien, il gouverne le monde ! Car il gouverne sa mère, sa mère me gouverne, je gouverne les Athéniens et les Athéniens gouvernent les Grecs, qui gouvernent le monde... »

Aspasie comprit. Elle sentit une boule lui monter à la gorge et refoula ses larmes. Qui avait, face à l'inactivité et au chômage forcé des Athéniens, insisté pour que soient construits la halle au blé et les nouveaux arsenaux ? Qui, pour assurer la sécurité d'Athènes et de son port, avait demandé que soit édifié un second mur qui relierait la cité au Pirée ?

C'était elle.

Qui avait convaincu Périclès de réquisitionner le trésor de l'île sacrée de Délos, où les riches offrandes dormaient, afin que puissent être entrepris les grands travaux d'Athènes ?

C'était encore elle.

Qui s'était battu pour que les jurés des tribunaux soient – oh, modestement ! – rétribués de deux ou trois oboles* par jour afin que cette fonction puisse être accessible à ceux que cette tâche privait du fruit de leur travail ? Qui avait rendu gratuits les spectacles et les festivités autrefois réservés aux plus riches ?

C'était toujours elle. Mais Aspasie, comme

Périclès, n'avait jamais voulu gouverner le monde !

– Je n'oublie pas ton appui, dit solennellement Phidias, pour que me soient donnés les moyens de rebâtir les temples détruits par les Perses, de construire le Parthénon, de rénover l'Acropole, et surtout de réaliser la statue chryséléphantine* d'Athéna. Cet ouvrage, qui m'a demandé tant de travail, est le chef-d'œuvre de toute ma vie !

– Périclès et toi avez contribué à faire de la Grèce un modèle ! renchérit Zénon. Grâce à vous, des Athéniens sans fortune ont établi des colonies à l'étranger. Nos trois cents trières* de combat assurent la sécurité de toute la Méditerranée !

– Je n'oublie pas non plus, avoua humblement Socrate, que je te dois l'art de l'éloquence. Oui, tu m'as beaucoup appris. Ah, pourquoi n'as-tu jamais écrit ?

– Elle l'a fait ! affirma Sophocle. Elle m'a montré ses vers qui...

– Je les ai lus, coupa Alcibiade. Ils sont en effet dignes de Sapho !

Ce compliment était ambigu : la grande poétesse Sapho passait, elle aussi, pour une débauchée car elle ne s'intéressait qu'aux femmes et à la beauté. D'un geste, Protagoras écarta Alcibiade et vint s'incliner devant leur hôtesse :

– Je n'ai jamais lu tes œuvres, Aspasie. Mais s'ils sont de la qualité des discours de Périclès, ils passeront à la postérité.

Dans le cercle des intimes, nul n'ignorait que c'était Aspasie qui les rédigeait.

– Et quoi qu'il arrive, ajouta tristement Zénon, ton nom, Aspasie, restera dans l'Histoire, associé à celui de Périclès.

– Ces paroles sonnent à mes oreilles comme une oraison funèbre ! se fâcha-t-elle.

– Parce que votre temps à tous deux est révolu ! Place aux jeunes ! Que sonne enfin l'heure de l'aristocratie ! lança Alcibiade.

Dans ses yeux perfides, Aspasie ne lisait plus aucune passion mais un mépris goguenard. Socrate mis à part, tous jetèrent à l'éphèbe* un méchant regard. D'une voix sombre, Protagoras ajouta :

– Le pire, c'est que sans le vouloir, Périclès a déclenché lui-même les hostilités. Ce matin, il venait justement plaider ta cause à l'Assemblée...

– Ma cause ? fit Aspasie. Que veux-tu dire ?

– Il demandait que soit changée la loi sur le mariage et la citoyenneté.

Cette fameuse loi, Aspasie la connaissait mieux que personne : elle interdisait tout mariage entre un citoyen athénien et une étrangère à la cité. Cette mesure était destinée à réserver les profits de l'Empire grec aux seuls Athéniens. Ce matin, en la quittant, Périclès ne lui avait rien dit. De peur, sans doute, de faire naître un espoir qui serait sûrement déçu.

– Bien entendu, poursuivit le savant, l'Assemblée s'y est opposée.

– Elle a objecté que cette proposition cachait un motif personnel, continua Protagoras. Et que Périclès était le plus mal placé pour vouloir changer la loi puisque c'était lui-même qui l'avait fait voter autrefois.

– Juste avant qu'il ne fasse ma connaissance, murmura-t-elle.

Ainsi, Périclès était puni par là où il avait péché : soucieux de préserver hier les intérêts égoïstes des Athéniens, il lui était aujourd'hui interdit d'épouser Aspasie : native de l'île de Milet, elle était considérée comme une étrangère.

– Je ne serai donc pas sa femme, admit-elle. Notre fils ne sera jamais citoyen. Qu'importe puisque nous nous aimons.

– Puissiez-vous vieillir ensemble ! dit Socrate.

L'après-midi approchait. Alcibiade fut le premier à s'éclipser. Les autres, qui faisaient partie du groupe des vieux fidèles, avaient ce jour-là bien du mal à la quitter. On eût dit qu'ils voulaient la protéger.

Enfin, ils partirent et elle attendit le retour de Périclès.

Et s'il ne revenait pas ? Si, humilié par le refus de l'Assemblée, il commettait une folie ?

Le temps coulait ; le soir était tombé. Les servantes et les esclaves s'étaient éloignés. Elle se sentit soudain isolée, pareille à Pénélope. Ces amis, qu'elle invitait chaque jour, n'étaient qu'un dérivatif à son attente. Car elle ne vivait que dans l'espoir d'être près de Périclès. Lui seul, par sa présence, savait vraiment la combler.

Enfin, la porte s'ouvrit. Dans l'ombre, elle aperçut la silhouette tant aimée. Mais ce soir, le héros d'Athènes, Périclès l'Olympien, était secoué de sanglots. Elle se jeta dans ses bras.

Alors, comme chaque soir quand il revenait de la Pnyx, Périclès serra longuement Aspasie contre lui et l'embrassa.

Elle fut aussitôt rassurée : il était là, et c'était l'essentiel.

Aspasie fut jugée et condamnée pour crime de « libre pensée ». Phidias, lui, fut accusé d'impiété et exilé.

Deux ans plus tard, la peste ravagea Athènes ; le peuple estima Périclès responsable de ses souffrances. Celui dont on avait toujours salué l'honnêteté et qu'on appelait l'incorruptible fut écarté du pouvoir puis condamné par un tribunal populaire.

Il succomba à l'épidémie de peste en 429 avant Jésus-Christ.

Son enfant illégitime, le jeune Périclès, survécut.

Plus tard, il fut admis à Athènes comme citoyen.

Après la mort de Périclès, nul ne sait ce qu'Aspasie devint.

VI

SOCRATE

OU À MORT, LE PHILOSOPHE !

(VERS 399 AV. J.-C.)

– FAITES entrer le témoin !

Maîtrisant son émotion, Platon pénétra dans l'hémicycle.

Du regard, il parcourut le tribunal populaire – l'héliée*, cinq cent une personnes ! – et les sièges de bois sur lesquels étaient installés les jurés, qui faisaient office de juges. Il vit enfin Socrate, seul, debout face au magistrat qui présidait sur la haute estrade dressée au fond de la salle. Socrate, son modèle, son maître !

En l'apercevant, le vieux philosophe adressa à son élève un sourire un peu fatigué. Les rides, la longue barbe et la laideur de l'enseignant dissimulaient mal une expression très juvénile et pleine de malice. Le magistrat vérifia la présence, à sa droite, du greffier et celle, à sa gauche, du héraut public. Enfin, il demanda :

– Tu es bien Platon ? Un élève de l'accusé ?

– Je l'ai été.

Un murmure indigné s'éleva de la tribune à droite, celle qui rassemblait les accusateurs de Socrate.

– Ne joue pas au malin ! lança l'un d'eux. Nous savons que tu fréquentes encore Socrate.

– Est-ce un crime ? De quoi l'accuse-t-on ? demanda Platon en prenant à témoin le public, massé debout à l'entrée du tribunal.

Il aperçut alors, au premier rang de la tribune, ceux qui avaient traduit Socrate en justice : le poète Mélétos, le tanneur Anytos et le rhéteur* Lycon, un orateur ambitieux et jaloux.

– Il ne respecte pas les dieux et corrompt la jeunesse ! gronda Mélétos. Réponds à nos questions sans finasser ! Car tu pourrais bien, toi aussi, devoir rendre des comptes...

Platon jeta un coup d'œil du côté de la tribune de gauche, où se pressaient les défenseurs de l'accusé. Il y reconnut Criton et le jeune et blond Phédon, que chérissait tant Socrate. En voyant leurs visages tendus, il comprit qu'en prenant trop ouvertement la défense de l'accusé, il risquait plus tard d'être lui-même condamné !

– Explique-nous donc, ordonna Anytos, comment tu as connu Socrate et pourquoi tu as décidé de suivre son enseignement.

– Un jour, je l'ai croisé dans la rue. Il m'a barré la route avec son bâton et m'a demandé où l'on achetait « les choses nécessaires à la vie ».

– Qu'as-tu répondu ?

– Je lui ai indiqué où se trouvait le marché. « Et pour devenir honnête homme, a repris Socrate en me regardant droit dans les yeux, où faut-il aller ? » Je n'ai su que lui répondre. Alors il m'a déclaré : « Suis-moi donc, et je te le dirai. » De ce jour, je l'ai suivi.

– Vous voyez ! accusa Mélétos. Ce Socrate pèle les âmes comme des fruits !

À quelques pas de Platon, le voisin du greffier manipulait avec dextérité les deux horloges à eau destinées à mesurer équitablement le temps de parole de l'accusation et de la défense.

– Révèle-nous quelles idées pernicieuses il t'enseignait, insista Mélétos.

– Socrate a toujours affirmé qu'il n'avait rien à enseigner, répliqua Platon. Il n'avait aucun disciple.

Le public gronda de surprise. Et Socrate, en riant, expliqua :

– C'est mot pour mot, cher Platon, ce que je déclarais pour ma défense avant que tu n'entres ! Tout le monde va croire que je t'ai demandé de réciter une leçon.

Le mécontentement des accusateurs s'accentua. Anytos tempêta :

– S'il n'avait rien à enseigner, pourquoi la foule le suivait-elle dans toutes les rues d'Athènes ?

– Socrate prêche la piété, répondit Platon. Il

recommande la modération, la connaissance de soi, le respect des devoirs sociaux, l'obligation de s'instruire... Il a foi en la raison humaine ! Une raison qui permet à l'homme d'atteindre le bonheur ! Sa devise est...

– « Connais-toi toi-même ! » acheva Mélétos. Nous sommes au courant.

– Socrate pense aussi que nul n'est méchant volontairement, ajouta Platon. Est-ce une pensée si révolutionnaire ?

– Il veut se substituer aux dieux ! accusa Anytos. Il prétend avoir été choisi pour porter la bonne parole.

– Jamais de la vie ! s'insurgea Socrate. Autrefois, comme c'est la coutume, je suis allé consulter l'oracle de Delphes. Il m'a révélé : « Entre tous les hommes, tu es le plus sage et le plus savant. »

– Et toi, déclara Mélétos, tu l'as cru ! Quel orgueil !

– Non. J'ai traduit l'oracle... « Que sais-tu ? » me suis-je demandé. « Rien ! » me suis-je répondu. J'en ai conclu que j'étais le plus sage parce que j'étais le seul à savoir... que je ne savais rien !

– Encore une fois, dit Mélétos, tu fais le raisonneur.

– De ce jour, poursuivit le philosophe sans s'émouvoir, j'ai décidé de me consacrer à ma mission : j'interrogeais, provoquais mes interlocuteurs, sans rien leur enseigner qui vînt jamais de moi. J'essayais d'éveiller leur intelligence, leur capacité de raisonnement.

– Tu nous as déjà débité ces sornettes ! grogna Lycon. Tu as même prétendu que tu tenais ce don particulier de ta mère.

– En effet. Elle était sage-femme. Moi, j'essaie d'accoucher les esprits[1]...

Rassemblant son courage, Platon lança :

– Vous n'avez rien à lui reprocher ! Socrate n'a jamais rien affirmé qui aille à l'encontre des lois ! Et il n'a jamais écrit une seule ligne !

– Il aurait dû, grommela Mélétos. Ainsi, nous

1. « Accoucher les esprits » porte un nom, c'est la maïeutique.

connaîtrions sa pensée, il pourrait la défendre ou se justifier ! Mais il a clandestinement introduit des idées perverses dans les esprits !

– Pas du tout ! s'interposa Platon. Socrate n'a qu'une méthode : dialoguer. Faire surgir des interrogations chez son interlocuteur ! « Penser à deux » est selon lui un art, l'essentiel du métier d'homme et la meilleure façon d'approcher la vérité...

– La vérité ! railla Lycon. La connaît-il mieux que les autres ?

– Mais il ne prétend pas la connaître !

– Exact, ricana un homme d'âge mûr dans la tribune de l'accusation. Socrate affirme que la vérité ne nous est pas accessible !

Platon n'en crut pas ses yeux : celui qui avait pris la parole était Aristophane, un auteur de comédies à succès. Un disciple de Socrate qui avait renié son ancien maître et critiqué sa philosophie.

– Ton témoignage nous est précieux, Aristophane, dit Mélétos en souriant. Explique-toi. Quelle est cette vérité dont parlait Socrate ?

– Oh, il use d'une étrange image pour la décrire ! Une... allégorie[1]. Voilà : il prétend que nous sommes semblables à des hommes enchaînés dans une caverne. Nous tournons le dos à un feu qui projette sur les parois l'ombre d'objets que des porteurs font défiler devant elles. Or, nous n'avons jamais rien vu d'autre que ces ombres, et nous les prenons pour la vérité elle-même !

– En somme, conclut Mélétos, pour entrevoir la vérité, les hommes devraient se détacher et regarder ce que le feu éclaire ?

– Hélas, s'exclama Aristophane, libérés, ils ne pourraient pas la contempler... car elle les éblouirait !

Socrate leva la main pour intervenir. Malicieux, il affirma :

– Tu as mal compris, Aristophane. Pour connaître la vérité... il faudrait sortir de la caverne ! Observer le soleil. Et revenir dans la grotte pour émanciper ceux qui y sont restés.

---

1. Allégorie : expression ou image symbolisant une idée ou un sentiment.

Dans la tribune des accusateurs, des cris fusèrent :

– Quelle prétention ! C'est honteux !

– Hélas, cette dernière tâche est difficile, avoua Socrate sans tenir compte des insultes. Car en retournant dans la caverne, ceux qui ont vu le soleil, éblouis, risquent de s'égarer dans les ténèbres. Et d'être la risée de ceux qui sont restés dans l'obscurité.

Dans le public, divers murmures s'élevèrent, admiratifs ou scandalisés. Sans le vouloir, Socrate recrutait de nouveaux adeptes... et se faisait de nouveaux ennemis !

– Quelle est ton opinion, Aristophane, sur cette étrange fable ?

– Cette parabole est une faribole ! répliqua l'écrivain, sarcastique.

– Elle est à l'image de ma laideur, déclara Socrate, une laideur qui peut vous renseigner sur la vérité de mon cœur.

– Que veux-tu dire par là ? demanda Mélétos.

– Qu'il faut préférer la vérité à l'apparence. Et la science à l'opinion.

Aristophane repartit à la charge :

– Ne faut-il pas aussi considérer comme un enfantillage ce prétendu démon* que chacun porte en soi, et qui soufflerait ces idées à l'accusé ?

– Un démon ! Que réponds-tu, Socrate, à cette autre accusation ?

– Qu'il s'agit encore d'une image ! Quand vous devez prendre une décision seul, ne dialoguez-vous pas avec vous-même ? Ne vous opposez-vous pas des arguments ? Ce génie qui vous sert d'interlocuteur peut vous donner de bons... ou de mauvais conseils !

– Voilà la preuve que Socrate est un esprit impie ! s'écria Lycon.

– Oui, renchérit Anytos. Il veut introduire en Grèce de nouvelles divinités !

– Il mérite la mort ! ajouta Mélétos en se tournant vers le public.

Son geste déclencha un signal : dans l'assemblée, des dizaines de citoyens vociférèrent :

– Oui ! À mort !

– Il faut condamner Socrate !

Sur son estrade, le magistrat hésitait. Il leva la main pour apaiser les clameurs et donna pour la dernière fois la parole à l'accusé qui, solennellement, affirma :

– Quoi que vous décidiez, je ne changerai jamais d'opinion ni de route ! Toutefois, sachez que si vous me tuez, vous porterez préjudice à vous-mêmes plus qu'à moi... L'État, voyez-vous, est comme un noble coursier ; sa taille et sa lourdeur le rendent indolent. Et je suis l'indispensable mouche qui, en le piquant, ne cesse de l'exciter. Ma présence est d'autant plus nécessaire que vous ne trouverez pas aisément un insecte aussi vif et têtu que moi !

– Nous en avons assez entendu, conclut le magistrat qui observait les deux pendules à eau.

– Attendez ! dit Platon. Vous deviez entendre Xénophon ?

Xénophon était parmi les plus fidèles auditeurs de Socrate. Pourquoi ne s'était-il pas manifesté ?

– Il n'est pas à Athènes ! annonça triomphalement l'un des accusateurs. Il ne pourra donc pas venir témoigner !

Platon pâlit. Ainsi, il avait été le seul à défendre son maître. Et il l'avait fait si maladroitement qu'il en était consterné. Xénophon, lui, aurait su convaincre. Une nouvelle fois, le magistrat réclama le silence. Il annonça :

– Procédons au vote.

Munis de deux jetons de bronze, chacun des cinq cent un jurés défila devant les urnes. Pendant ce temps, Socrate ne manifestait aucune émotion. Il considérait avec la même ironie ses accusateurs et ceux qui voulaient le grâcier.

Quand les urnes furent vidées, on compta deux cent vingt et un jetons qui sollicitaient l'acquittement... et deux cent quatre-vingts qui réclamaient la mort.

– En conséquence, Socrate, déclara le magistrat, tu périras par le poison. La sentence prendra effet...

Le greffier lui chuchota quelques mots à l'oreille.

– ... prendra effet dans trois décades, après les festivités religieuses.

À cette époque, les condamnés à mort devaient

boire une décoction d'une plante toxique, la ciguë, qui les tuait en quelques instants.

Platon s'effondra. Socrate, en souriant, lui entoura les épaules.

– Ce n'est pas un drame, j'ai soixante-dix ans ! La mort m'évitera les inconvénients de la vieillesse et le ramollissement de l'esprit.

– C'est terriblement injuste. Vous n'avez rien fait !

– Si. J'ai philosophé.

La salle du tribunal se vidait. Ceux qui avaient condamné Socrate se dépêchaient de quitter les lieux. Les autres entouraient leur maître sans cacher leurs larmes ; car autrefois, en Grèce, les hommes ne trouvaient pas indigne de pleurer.

– Philosopher, disait Socrate en consolant ses amis, c'est aussi apprendre à mourir. Et je suis prêt.

Pendant le délai qui lui avait été accordé, Socrate, dans sa geôle, put recevoir quelques adeptes. L'un d'eux, Criton, avait conçu plusieurs plans d'évasion. Platon révéla au prisonnier :

– Xénophon est enfin revenu. Grâce à lui, nous avons réuni une grosse somme. Les gardiens ne demandent qu'à être soudoyés !

– Aujourd'hui, dit Criton, parmi ceux qui t'ont condamné, certains ont mauvaise conscience. Ils nous aideront à te faire fuir.

– Fuir ? Pas question ! s'entêtait le philosophe. Qu'ils exécutent leur sentence. S'ils se sentent en tort, c'est désormais leur problème.

Les fêtes religieuses s'achevèrent.

Socrate quitta sa prison.

Ce jour-là, les élèves de Socrate l'entouraient. Le philosophe, très serein, fit ses adieux à sa femme, Xanthippe, qui tenait leur plus jeune enfant dans ses bras. Resté seul avec ses amis, il s'entretint une dernière fois avec eux. Il caressa la longue chevelure du jeune Phédon, qui pleurait à chaudes larmes.

– Je suppose, lui dit-il, que ces belles boucles seront coupées demain, en signe de deuil ? Dis-moi, Xénophon... comment va Platon ?

– Il est malade.

C'était vrai. Platon ne put assister à l'exécution de son maître bien aimé.

Enfin, Socrate porta le breuvage à ses lèvres, et avala le poison.

Socrate ne s'était pas trompé, les Athéniens regrettèrent leur décision : ses trois accusateurs devinrent si impopulaires qu'aucun citoyen ne voulut désormais allumer leur feu, répondre à leurs questions ni se baigner dans la même eau.

Désespéré, Anytos s'exila. Lycon fut condamné à mort. Et Mélétos périt, lapidé par la foule.

Quant à Platon, retiré à Mégare avec de nombreux disciples, il allait transmettre la pensée de son prestigieux maître grâce à ses nombreux écrits.

VII

DIOGÈNE

OU UNE VIE DE CHIEN

(413 - 327 AV. J.-C.)

VERS 413 avant Jésus-Christ naquit, dans la ville de Sinope, un garçon appelé Diogène. Peu après sa naissance, sa mère mourut. Son père, Hicésias, était banquier. Devenu adolescent, Diogène le surprit un soir en train de fondre du plomb et de l'argent.

– Que fabriquez-vous donc ? lui demanda-t-il, stupéfait.

– Tu le vois bien, mon fils : de la fausse monnaie. Comment crois-tu que j'aie fait fortune ?

– Mais... c'est malhonnête !

– Sans doute. Mais je ne connais aucun moyen honnête pour s'enrichir rapidement.

Les méfaits d'Hicésias furent bientôt découverts. Les autorités investirent sa propriété. Ses biens furent confisqués ; son fils et lui furent bannis.

– Qu'allons-nous devenir ? se lamenta Diogène.

– Nous allons nous séparer. Tu es presque adulte, à présent. Manès, notre fidèle esclave, est désormais notre unique bien. Pars avec lui !

Diogène fit ses adieux à son père. Quant au fidèle Manès, il s'enfuit durant la première nuit que le jeune exilé passa hors de la cité !

Diogène gémit sur son infortune : sa richesse se résumait au manteau avec lequel il avait dormi et à une écuelle de bois !

Apercevant sur le coteau des oliviers et une vigne sauvage, il s'exclama soudain :

– Ai-je lieu de me plaindre ? Si Manès peut

vivre sans moi, je peux vivre sans lui ! Je suis vivant et en bonne santé. La nature m'offre de quoi subsister. Pourquoi les hommes se compliquent-ils la vie à vouloir la gagner, puisqu'elle leur est ainsi offerte ?

Abandonnant ses sandales au bord du chemin, Diogène décida de mépriser les honneurs et les biens. Et il se fixa l'unique objectif de mener la vie la plus simple et la plus naturelle qui fût.

Après quelques mois d'une vie errante, il arriva à Athènes. Il assista à quelques cours d'Antisthène, un philosophe qui professait les mêmes opinions que lui. Puis il jugea que la meilleure façon de vivre était encore de ne suivre les leçons de personne !

Il passa ainsi des années à Athènes, dormant à la belle étoile avec, pour oreiller, son manteau qui tombait en loques.

Il parcourait la ville, attentif au spectacle de la rue. Il se nourrissait des restes que de riches citoyens jetaient aux chiens.

Un matin, comme il s'était réveillé trempé par une averse, il découvrit sur le port un gros tonneau de bois abandonné. Il le roula devant lui et choisit de s'en faire un abri. Ravi, il murmura :

– Qui possède un logis plus commode et plus simple d'entretien ?

Quand il voulait déménager... il lui suffisait de pousser son tonneau devant lui !

Un jour, alors qu'il se dirigeait vers une fontaine avec son écuelle de bois, il vit un jeune garçon y boire en recueillant l'eau dans le creux de sa main. Admiratif, il s'écria :

– Cet enfant m'enseigne que je conservais encore du superflu !

Et il jeta son écuelle.

Parfois, il demandait l'aumône. Fascinés par la liberté de son discours et son indépendance, les passants lui donnaient volontiers à manger. Nombreux étaient ceux qui venaient prendre conseil.

Au pire, il les insultait. Au mieux, il les réprimandait :

– Malheureux ! Tes soucis ne sont causés que par les biens que tu possèdes : ta maison qu'il faut entretenir, ton épouse qui te réclame bijoux et vêtements, tes esclaves qu'il faut nourrir, tes enfants qui exigent une bonne éducation, ton argent que tu veux faire fructifier, tes amis qui quémandent ton affection...

– Tu es tout de même bien content, Diogène, grommelaient ses interlocuteurs, d'avoir les miettes de nos repas !

– Qu'importe si tu ne me donnes rien ! Moi, je me contenterais des restes que me laissent les rats !

– Tu mènes une vie de chien...

– Je suis un cynique[1], répondait-il. Et c'est la plus belle existence ! Que demande-t-on à un chien ? Rien ! Il se prélasse toute la journée, se gave de soleil et se nourrit de la pitance qu'on lui fournit. Il dort à la belle étoile ou s'improvise une niche ! ajoutait-il en désignant son tonneau.

1. En grec, ce qui est relatif au chien se dit *kynikos*.

– Le chien doit monter la garde et veiller sur le logis des maîtres !

– Je vis donc mieux qu'un chien puisque je n'ai ni maître ni logis !

Diogène ne cessait de provoquer et de surprendre les passants. Quand ils le virent demander l'aumône à des statues, ils lui dirent :

– Tu es devenu fou ! Pourquoi fais-tu cela ?

– Pour m'habituer à recevoir des refus, répondit-il.

À Athènes, sa renommée grandissait. On l'enviait sans oser l'imiter. Privé de tout bien, condamnant tout profit, Diogène affichait une attitude qui, pour l'homme, était un signe de dignité.

Un autre jour, les citoyens de la cité le virent, en plein midi, errant dans les rues une lanterne à la main. Tel un aveugle, il butait contre les gens... ou il faisait semblant de ne pas les voir. Quand on lui demanda ce qu'il faisait, il répondit avec amertume :

– Je cherche un homme.

Ceux qui réclamaient son amitié se réunissaient de plus en plus fréquemment auprès de son tonneau. Ils lui affirmaient :

– Tu professes une magnifique philosophie ! Tu devrais écrire un traité sur le renoncement aux biens de ce monde.

– Je m'en garderai bien ! Les philosophes raisonnent et aboutissent à des absurdités ! Voyez Zénon d'Élée : il a réussi à démontrer... que le mouvement n'existe pas.

– L'hypothèse est intéressante ! lança quelqu'un. Et si c'était vrai ?

– C'est faux. Le mouvement existe. Et je le prouve à l'instant.

Diogène se leva... et se mit à marcher. Cela fit rire et convainquit ceux qui l'écoutaient. L'un d'eux lui demanda :

– Selon toi, il est inutile de philosopher ?

– Pire qu'inutile : nuisible ! Aucun raisonnement ne permet d'établir la moindre certitude.

– Tu remets donc ton sort au bon vouloir des dieux ?

– Je me contente de les imiter – en admettant qu'ils existent. Le propre des dieux étant de n'avoir besoin de rien, on se rapproche d'autant plus d'eux... qu'on a moins de besoins !

– Attends ! Nierais-tu l'existence des dieux ?

– Oui. Comme je nie la magie, les superstitions et tous les rites qui en découlent ! Rien ne me paraît plus ridicule que les simagrées qui accompagnent naissances, mariages, décès...

– Les morts ont droit à notre respect !

– C'est la vie qu'il faut respecter. Si les dieux existaient, ils riraient de ces cérémonies inventées par les hommes !

– Mais alors, Diogène, à quoi crois-tu ?

– Au bonheur. À mes yeux, c'est la seule vraie vertu. Et le seul vice est le malheur. C'est pourquoi j'exècre la guerre et fuis toute ambition. Car un désir inassouvi est déjà source de douleur. La sagesse consiste-t-elle à changer l'ordre du monde ou à essayer de s'y accoutumer ? Croyez-moi, les désordres de la société viennent surtout des hommes qui veulent la refaire !

Une nuit, en sortant d'une taverne où ils avaient un peu trop bu, des jeunes gens aperçurent le tonneau de Diogène.

– C'est la niche de l'anarchiste[1] !

– Celui qui méprise les biens ? Alors comment se fait-il que ce tonneau lui appartienne ?

– Tu as raison ! Ce vieux tonneau n'est pas plus à lui qu'à nous !

– Eh, Diogène ! Nous réquisitionnons ton logis !

L'un des jeunes gens se mit à frapper sur l'abri ; un autre enleva les cales qui le tenaient en place. Déséquilibré, le tonneau vacilla, roula... et dévala la rue pour se fracasser contre un mur !

Le raffut avait réveillé les dormeurs et attiré du monde. On vint secourir Diogène qui, tout étourdi, considérait les restes disloqués de son logis. Les jeunes gens furent emmenés sans ménagement.

– Misérables ! leur criait-on. S'attaquer au plus démuni de la cité !

---

1. Anarchiste : personne qui vit en refusant les règles de l'ordre établi.

Le lendemain, les coupables furent punis. Diogène protesta :

– Ce tonneau était aussi bien à eux qu'à moi ! J'en trouverai un autre sur le port ! D'ailleurs, je peux vivre sans abri.

Cratès, un riche Athénien, abandonna ses biens au peuple et se mit à vivre comme lui. Diogène n'avait que faire de disciples. Un soir, il s'embarqua sur un bateau qui partait pour l'île d'Égine.

Hélas, des pirates attaquèrent le navire, massacrèrent l'équipage, capturèrent Diogène et l'emmenèrent en Crète. Là, on le mit en vente sur le marché aux esclaves ! Xéniade, un riche Corinthien qui passait par là, fut intrigué par l'allure de ce vieux captif barbu.

– Que sais-tu faire ? lui demanda-t-il.

– Commander ! lui répondit aussitôt Diogène. Si tu veux acquérir un maître, tu feras une bonne affaire avec moi !

Amusé, Xéniade l'acheta. Très vite, il comprit que Diogène était un sage. Le Corinthien cherchait un précepteur pour ses enfants. Sans hésiter, il confia leur éducation à son nouvel esclave.

Diogène devint précepteur malgré lui. Sa vie ne changea guère. Avertis de sa capture, ses amis athéniens proposèrent à Xéniade de racheter ce drôle d'esclave qui prétendait commander à son maître.

Mais Diogène refusa en affirmant :

– Je ne suis l'esclave de personne !

– Pourtant, c'est Xéniade qui subvient à tous tes besoins !

– Et alors ? Les lions ne sont point les esclaves de ceux qui les nourrissent !

– Diogène, reviens ! Athènes te réclame ! Nous avons besoin de toi.

– Apprenez à vivre sans moi. Car moi, je n'ai pas besoin de vous.

– Songe, Diogène, que tu es loin de ta chère patrie !

– Ma patrie, c'est la Terre entière. Je suis un citoyen du monde. Et je me sens chez moi aussi bien ici qu'ailleurs.

Les enfants du Corinthien grandissaient. Quand ils quittèrent le logis, Xéniade affranchit Diogène.

Que croyez-vous qu'il fit ?

Il se rendit au port de Corinthe et dénicha un vieux tonneau... dans lequel il emménagea.

C'est là qu'il vieillit, sans modifier sa façon de vivre.

Sa renommée avait franchi les frontières. Des étrangers venaient de loin consulter ce *médecin de l'âme.*

Alexandre le Conquérant en personne lui rendit visite. Ce jour-là, Diogène n'était pas auprès de son tonneau mais au cranium*, le lieu où s'entraînaient les sportifs de Corinthe. Allongé sur le dos, les yeux mi-clos, les reins à peine couverts de haillons, il goûtait la chaleur de l'après-midi. Étrange rencontre qui allait mettre face à face le plus démuni de tous les humains et le futur maître du monde !

– Dis-moi, demanda Alexandre, que puis-je faire pour toi ?

– Une seule chose, murmura Diogène sans bouger.

– Laquelle ? Parle, tu seras exaucé !

Alors, désignant d'une main le ciel et de l'autre l'ombre que faisait Alexandre sur son corps, Diogène répondit simplement :

– Ôte-toi de mon soleil.

Quand Diogène s'éteignit, il avait quatre-vingt-six ans.

Encore ne mourut-il pas de vieillesse, mais en mettant fin à ses jours. On le découvrit un matin, sans vie, dans son tonneau. Bien qu'il fût opposé aux cérémonies et aux sépultures, on lui fit des funérailles grandioses. À Corinthe, on édifia à sa gloire un superbe tombeau sur lequel se tenait un chien en marbre blanc. Et l'on pouvait lire, gravée dans la pierre, cette étrange épitaphe[1] :

Dis, chien, de qui gardes-tu le tombeau ?
Du chien.

1. Épitaphe : inscription sur une tombe, à la mémoire d'un mort.

Et quel est cet homme, le chien ?
Diogène.
De quel pays ?
De Sinope.
Celui qui habite un tonneau ?
Lui-même. Et maintenant il est mort
et il habite les astres.

VIII

Démosthène
ou l'orateur bégayeur
(vers 374 av. J.-C.)

– Nous partons pour la journée, Démosthène. Nous te confions la maison. Pas question que tu sortes, Dédé, bien entendu.

– Bi... bien, coucou... cousin Apho... Apho...

– Inutile d'approuver ! l'interrompit Thérippide. Tu te rends ridicule.

– Ah, Momo, qu'allons-nous faire de toi ? ajouta Démophon.

Démosthène baissa la tête en rougissant.

Le cœur gros, il regarda s'éloigner les trois hommes. Son père était mort huit ans auparavant. Avant de disparaître, il avait confié son fils, sa fille et ses biens à deux cousins, Aphorus et Démophon, et à un ami, Thérippide. Loin de respecter les dernières volontés du riche armurier, ces sinistres individus négligeaient l'éducation de ses enfants et dilapidaient sa fortune.

Orphelin, privé de toute instruction, Démosthène était un adolescent de quinze ans malingre et timide. De plus, il était affligé d'un gros handicap : il bégayait ! À Athènes, en ces temps où les orateurs étaient aussi admirés que les conquérants, c'était plus qu'un défaut : un vice. *Dédé, Momo.* Loin d'être des diminutifs affectueux, ces sobriquets dont on l'affublait étaient pour lui une humiliation permanente.

Resté sur le seuil, il refoulait ses larmes et sa colère quand une petite main saisit la sienne.

– Démosthène ? Pars te promener, si tu veux. Je garderai la maison. Et puis je ne serai pas seule, nos cousins ont tant de serviteurs !

C'était sa sœur cadette Cléobule, à peine âgée de dix ans. Ému, Démosthène l'embrassa et lui chuchota :

– Merci. Ne ré... révèle pas mon absence. Je ne serai p... pas long.

Il s'éclipsa et courut rejoindre le centre d'Athènes. Il aimait flâner en ville, s'instruire au contact des philosophes. Il se passionnait pour la politique. Mais, gêné par son bégaiement, il n'osait jamais participer à la moindre discussion.

Ce jour-là, une foule considérable se pressait à l'agora*. Se haussant sur la pointe des pieds, le jeune homme tenta d'apercevoir l'orateur qui haranguait la foule, juché sur une estrade.

– Oui, j'ose m'opposer aux thèses de Chabrias et de Timothée !

Fasciné, Démosthène fixait l'orateur. Pourtant, il n'était guère séduisant. Sa voix était aiguë, désagréable, ses arguments peu clairs.

– Il a raison ! approuvaient les spectateurs.

Lui-même se sentait touché, prêt à être convaincu. Bientôt, il comprit que c'était la musique, le balancement, le rythme des phrases qui tenaient le public en haleine.

– Qui... qui est cet orateur ? demanda Démosthène à son voisin.

– Voyons, petit ! C'est Callistrate !

Un second discours plus véhément, mieux construit, suivit le premier. Démosthène serait resté ici des heures. Il revint au logis au moment où ses cousins rentraient. Il s'agrippa à leur vêtement et glapit :

– Je veux suivre des leçons de dédé... de déclamation et de phiphi...

– ...losophie ? acheva Aphorus. Tu veux rire, mon pauvre Momo ! Si ton esprit bredouille autant que ta langue, que d'argent gaspillé !

– Tu veux devenir philosophe ? se moqua Thérippide.

– Non, pas philosophe mais o... o... Ah ! O-o...

– Oh oh ! Voilà notre ami qui s'énerve ! railla Aphorus.

– Auteur ? Organisateur ? Euh... Orthophoniste ? railla Démophon.

– Orateur ! lâcha Démosthène d'un coup.

À ce mot, ses cousins s'esclaffèrent. Thérippide pleurait de rire.

– Orateur ! Mon pauvre Dédé, tu ne pouvais pas mieux choisir !

Démosthène s'éloigna, la rage au cœur. Le soir, il confia à sa sœur :

– Plus tard, Cléobule, je m... me vengerai de nos cousins et de ce foufou... ce fourbe de Thériphide ! Oui. Je serai o... o-o !... Ooooh...

– Orateur, approuva Cléobule en le regardant avec indulgence.

Démosthène grandit.

Il apprit seul à lire et à écrire. Il s'instruisit clandestinement en suivant les cours des philosophes Eubulide, Isée et Platon. Hélas, son bégaiement l'empêchait de parler en public, lui qui brûlait de clamer son désir de justice et de paix.

Il mûrissait en silence et attendait sa majorité avec impatience. Ce jour-là, il chassa les intrus de sa maison :

– Mi... misérables ! rugit-il. Rendez-moi la fortune de nos parents !

– Difficile, ricana Aphorus. Nous avons tout dépensé.

– Partons ! dit Démophon. Nous avons vendu le dernier esclave hier.

– Bah, il lui reste sa sœur ! se moqua Thérippide.

– Je vais vous intenter un pro... un propro...

– Un procès ? Les juges éclateront de rire en t'écoutant !

Pourtant, les juges l'écoutèrent. Sa requête était si vibrante et ses mots si justes qu'il gagna son procès malgré son bégaiement.

– Bravo pour ta plaidoirie ! le félicita le juge. Mais ne compte pas être dédommagé : l'argent dépensé par tes cousins était mal acquis[1] !

Dépité, Démosthène se rasa à moitié le crâne et

1. La fortune du père de Démosthène provenait surtout de son grand-père, le gouverneur Gylon, considéré comme traître à sa patrie parce qu'il avait épousé une Barbare – une Scythe.

gagna le cimetière. Il croisa sa sœur ; elle étouffa un cri.

– Zeus tout-puissant ! Que t'est-il arrivé ?

– Je me suis tondu pour exhiber mon déshonneur ! Je vais m'enfermer dans un tom... un tombeau pour y travailler. Cléobule, peux-tu m'apporter les ouvrages de Thucydide ? J'en ai besoin.

Quand elle revint, elle dénicha son frère accroupi qui écrivait à la maigre lueur d'une lampe à huile.

– Voilà les discours de Thucydide, dit-elle. Et son *Histoire de la guerre du Péloponnèse.* Démosthène... quand sortiras-tu de ce trou ?

– Quand mes cheveux auront repoussé. Quand j'aurai rédigé un di... un discours. Et quand je ne bé... bégaierai plus.

Il articulait avec soin. Cléobule vit que les joues de son frère était déformées.

– Dis-moi... que manges-tu ?

– Rien. J'ai mis des ca... des caca... des cailloux dans ma bouche !

– Quelle horreur ! Et pourquoi ?

– Pour mémé... m'efforcer de m'exprimer malgré mon handicap. J'espère ainsi me dé... débarrasser de ce bégaiement !

Pendant les mois qui suivirent, Cléobule rejoignit son frère chaque jour dans son caveau. Elle le surprenait souvent occupé à déclamer des discours.

– Quelles nouvelles ? demandait-il. De quoi parle-t-on à Athènes ?

– De Philippe de Macédoine. On craint qu'il n'envahisse le pays. Hélas, tu le sais bien : les Grecs réagissent peu. Ils préfèrent le discours à l'action !

– Ils ont raison. Un orateur est plus puissant qu'un conquérant.

– Tu plaisantes ?

– Pas du tout. Réfléchis, Cléobule : les conquérants agissent parce qu'ils sont convaincus... Convaincus qu'il faut lever des impôts ou déclarer la guerre. Mais ces convictions sont rarement le fruit de réflexions personnelles. Car les hommes politiques sont trop préoccupés d'agir pour se soucier de réfléchir par eux-mêmes.

Elle écoutait son frère, fascinée. Comme il

avait changé durant ces mois ! D'abord il ne bégayait plus. Sa voix était posée. Son discours était devenu imagé, solide... si bien construit qu'on ne pouvait s'empêcher de l'écouter.

Démosthène poursuivit :

– Ils s'informent, prennent conseil... Voilà pourquoi les vrais gouvernants sont les orateurs ; ils influencent les tyrans sans même que ceux-ci le soupçonnent !

Un matin, Démosthène sortit de sa retraite. Il avait recopié huit fois les œuvres de Thucydide. Il avait médité, écrit des centaines de harangues[1], passé des milliers d'heures à déclamer, tantôt dans son caveau, tantôt au port, devant les vagues mugissantes. Il avait ainsi appris à maîtriser sa voix face à d'éventuelles réactions houleuses.

Aujourd'hui, il se sentait prêt. Il avait trente-cinq ans.

Il se présenta à l'ecclésia et fit un discours dont la force et la qualité stupéfièrent l'auditoire. Plus

1. Harangue : discours, le plus souvent solennel, prononcé en public.

tard, il plaida pour une gestion plus stricte des finances de l'État. Il était si convaincant qu'il fut aussitôt admis parmi les membres du Conseil.

Comme les conseillers refusaient toujours d'agir contre Philippe de Macédoine, il s'exclama un jour :

– Citoyens, réveillez-vous ! Désormais, les plus riches ne paient plus l'impôt qu'ils doivent à la cité. Les plus pauvres ne s'intéressent qu'aux jeux que nous leur fournissons. Notre armée compte plus de mercenaires[1] que de volontaires. Et notre flotte est réduite à quelques épaves qui croupissent dans le port du Pirée. Quelle nation sommes-nous devenue, pour refuser de prendre en main notre destin ?

Troublés par ce discours, les Grecs, penauds, baissaient la tête.

– Pendant que nous dormons sur nos lauriers fanés, Philippe envahit nos colonies. Il menace nos frontières. Il complote. Il recrute. Il se fait de nouveaux alliés avec nos vieux ennemis...

---

1. Mercenaire : soldat de métier louant ses services à un gouvernement étranger.

Démosthène se déchaînait, multipliait les métaphores[1], prenait le public à témoin. Il maniait l'ironie, le sarcasme, l'enthousiasme. Parfois, il improvisait questions et réponses. Si l'attention des auditeurs fléchissait, il changeait de ton, et de style, alternait les exclamations percutantes avec de longues phrases poétiques.

– Quelle diatribe[2] ! Quelle conviction ! lança un Athénien subjugué.

– Jamais je n'ai entendu un orateur si brillant, renchérit un autre. Ni une aussi éclatante supplique. Oui, il faut agir !

– Si notre passivité permet à Philippe d'envahir notre patrie, conclut Démosthène, je me supprimerai. Je préférerai la mort au déshonneur.

Quand il revint chez lui, Cléobule lui fit fête.

– Ton discours a fait grand bruit ! On ne parle plus que de toi dans la ville. Tu es devenu le plus grand orateur de toute la Grèce !

---

1. Métaphore : expression concrète ou imagée permettant d'illustrer une idée abstraite.

2. Diatribe : critique amère et virulente.

Dès lors, il multiplia ses *Philippiques**. Il affronta dans plusieurs duels oratoires Isocrate, qui voulait qu'Athènes combatte plutôt les Perses. Il dénonça l'un de ses collègues, Eschine, un traître à la solde des Macédoniens. Et il proposa un programme de défense.

Hélas, quand on se résolut à réagir, il était trop tard : malgré l'alliance d'Athènes avec Thèbes, Philippe de Macédoine envahit la Grèce. Il finit par vaincre les Grecs à Chéronée, en 338 avant Jésus-Christ.

Aussitôt, Démosthène partit avec sa sœur se réfugier sur la petite île de Calaurie, près de la côte de l'Argolide. Cléobule, qui connaissait les intentions de son frère, le supplia en pleurant :

– Durant toutes ces années, je t'ai aidé, encouragé, accompagné. Je t'ai consacré ma vie. Je n'ai jamais pris d'époux ! Ne mets pas fin à tes jours : aie pitié de ta sœur, ne la laisse pas vieillir seule !

Ils avaient gravi la colline et gagné le temple de Poséidon. Là, accoudé à l'autel, Démosthène ouvrit le petit récipient qu'il avait emporté. Il regarda une dernière fois la mer, prit la main de sa sœur, lui sourit et avala le poison. Presque aussitôt, il s'écroula.

En larmes, Cléobule se pencha sur le corps de son frère.

– La Grèce a perdu le plus grand orateur de tous les temps, murmura-t-elle en guise d'oraison funèbre. Que le passeur Charon, cher Démosthène, te conduise aux Champs Élysées...

Comme le voulait la coutume, elle glissa une pièce dans la bouche du défunt, obole destinée à payer le voyage au passeur. En accomplissant ce geste, elle sentit un petit objet dur sous la langue de Démosthène. Elle le retira, stupéfaite. Puis le serra contre son cœur, comme un précieux bijou. C'était un simple caillou.

IX

ARISTOTE

OU UN SAVANT EN EXIL

(347 AV. J.-C.)

ACCOUDÉ à la poupe du navire qui s'apprêtait à cingler pour la Mysie, Aristote soupira en voyant s'éloigner le port d'Athènes. À trente-six ans, il s'exilait une nouvelle fois !

Avisant ses panières abandonnées sur le pont, il cria :

– Capitaine ! Que tes hommes mettent mes documents à l'abri, ils craignent l'humidité !

– Bigre, grommela un matelot, quel poids ! Que transportes-tu là ?

– L'œuvre de toute ma vie.

– Il paraît que tu es un ami de Platon ? demanda le capitaine.

À cet instant, le navire tangua et une panière bascula. Son contenu se déversa : une collection de pierres, un herbier, des boîtes d'où s'échappaient des coquillages et des insectes desséchés, enfin des rouleaux manuscrits qui se déroulèrent et claquèrent au vent.

– Ah, quel malheur ! Vite, aidez-moi !

L'équipage se précipita. Quand tout fut remis dans la panière, Aristote déclara au capitaine :

– Je suis moins philosophe que savant. Platon ? Oui, j'ai suivi son enseignement. Mais il vient de mourir. Aussi, je préfère quitter Athènes car je suis macédonien et l'on se méfie de moi...

Autrefois annexée par les Perses, la Macédoine était redevenue indépendante ; depuis peu, elle tentait d'occuper par la force certaines provinces grecques. Aristote était l'ami du roi de Macédoine, Philippe II. Quelques années plus tôt, ce souverain lui avait même proposé de devenir le précepteur de son fils. Mais Aristote, qui fuyait les conflits et ne s'intéressait qu'à ses recherches, avait décliné l'offre. Aujourd'hui, il le regrettait un peu.

– Sage décision ! approuva le capitaine. Tu n'avais pas de famille à Athènes ?

– Seulement un neveu de treize ans : Callisthène. J'avais commencé son éducation. Je me vois contraint de l'abandonner.

Un poisson volant jaillit par-dessus le bastingage et s'écrasa sur le pont en frétillant. Aristote le ramassa pour l'examiner.

– Voilà un animal que je ne connais pas ! s'écria-t-il.

– C'est une hirondelle de mer, fit le capitaine, blasé. Une espèce qui pullule en Méditerranée.

– Attends, fit le savant qui écartait les larges ouïes. C'est un poisson ou un oiseau ?

– Plutôt un poisson, je crois. En tout cas, ça vit dans la mer.

– Pourtant il vole ?

– Pas vraiment. Propulsé hors de l'eau, il plane et retombe aussitôt. Quelle importance ?

– Je veux dresser l'inventaire de toutes les connaissances humaines. Classer méthodiquement ce qui existe. Tout me passionne.

– Tout ? s'étonna le capitaine. Qu'entends-tu par là ?

– Les phénomènes du ciel, les pierres, les plantes, les animaux.

Un insecte tournait autour du capitaine ; il l'écrasa sur sa joue. Aristote poussa un cri indigné.

– Eh, se défendit le marin, ce n'était qu'une sale guêpe !

– Non, une abeille. Son intelligence te surprendrait si tu connaissais les règles de sa société ! La nature ne renferme que des merveilles.

Le capitaine le questionna encore :

– Ainsi, tu préfères fuir en Mysie plutôt que retourner dans ton pays ?

– Oui. Je connais bien Hermias, qui règne sur les cités d'Atarnée et d'Assos.

Le capitaine réprima un ricanement : le roi de Mysie n'avait pas bonne réputation, c'était un esclave affranchi !

– Il m'accorde l'hospitalité, expliqua Aristote. Nous étions amis à l'époque où, à Athènes, nous fréquentions l'Académie de Platon.

– Sais-tu que tu vas vivre près d'Ilion qui, voici mille ans, fut le berceau de l'humanité !

– Oh, soupira Aristote, je crois que d'autres villes ont existé avant elle. Depuis la naissance du monde, bien des civilisations se sont succédé, en raison de cataclysmes... ou de l'écoulement du temps !

Désignant la côte qui s'éloignait, il ajouta :

– Vois-tu ce paysage ? Eh bien il n'a pas toujours ressemblé à ce que nous voyons. Il a évolué lui aussi.

Ébahi par ce discours en contradiction avec toutes les religions et toutes les croyances, le capitaine se tut, dubitatif.

Décidément, il avait embarqué un bien étrange passager !

Il fallut plusieurs jours pour traverser la mer Égée. Après avoir longé l'île de Lesbos, le navire y fit escale, à Mytilène. Resté à bord, Aristote guettait la côte de Mysie qu'on distinguait déjà, à cent vingt stades de là. Au moment où on larguait les amarres, son regard tomba sur un arbuste qui poussait sur le quai.

– Halte ! hurla-t-il. Voilà un nouveau végétal pour mon herbier !

Le capitaine dut s'armer de patience. Le savant, en déracinant l'arbuste, avait aperçu des fleurs inconnues. Il s'empressa de les cueillir avant de revenir à bord et de s'extasier :

– Quelle flore étonnante ! Dommage que l'escale à Lesbos soit si brève !

Le même soir, le navire pénétrait dans le port d'Atarnée. Penché au bastingage, Aristote guettait l'ambassade d'Hermias. Mais il n'y avait là qu'une jeune fille accompagnée de six esclaves.

Quand il mit pied à terre, elle s'avança vers lui et, avec un gracieux sourire, l'aborda dans le meilleur grec :

– Tu es bien le grand Aristote ? L'ancien compagnon d'Hermias ? Je te souhaite la bienvenue. Je suis Pythias, la sœur de lait du roi. Et sa fille adoptive.

Jusque-là, Aristote s'était peu préoccupé des femmes. Petit, presque chauve, il n'était guère séduisant avec ses joues maigres et déjà ridées. Quand il était ému, il lui arrivait de bégayer comme Démosthène.

La grâce et les attentions de Pythias le touchèrent. Tandis qu'elle donnait des ordres pour qu'on emporte les panières, il la dévorait des yeux. Un insecte inconnu se posa sur la joue de la jeune femme, il se hâta de le saisir. Et pour la première fois de sa vie, au lieu de l'observer ou de le glisser dans une boîte, il l'écrasa sans regret.

Arrivé au palais, il fut accueilli par le souverain qui l'embrassa et l'accabla de démonstrations d'amitié.

– Aristote ! Mon ami ! Quelle joie de te revoir ! Pardonne-moi de n'être pas venu moi-même au port... Tu es ici chez toi.

– Hermias, comment te remercier ? fit-il en se tournant vers sa jeune hôtesse qui baissait modestement la tête.

– C'est toi, Aristote, qui m'honores de ta présence ici ! Sais-tu que tu vas retrouver le sage et sérieux Xénophon qui, t'en souviens-tu, était le plus attentif auditeur de Platon ? Il séjourne à Assos, la ville voisine ! Viens, que je te montre tes appartements et la bibliothèque où tu travailleras à ta guise. La Mysie abrite des animaux et des plantes qu'il n'y a nulle part ailleurs ! Si tu as besoin de main-d'œuvre, dispose de mes esclaves à ton gré.

Le roi remarqua les regards de son hôte envers sa fille.

– Tu as donc fait la connaissance de Pythias ! fit-il en élargissant son sourire. Je lui ai souvent parlé de toi. Sais-tu qu'elle est passionnée par tes travaux ? Elle est douée pour l'étude. Mais hélas, Atarnée n'est pas Athènes ! Depuis que tu nous as annoncé ta venue, elle n'a qu'un rêve : t'écouter et t'assister. Si tu voulais lui faire plaisir...

– Tout le plaisir sera pour moi, bégaya Aristote qui ne s'était jamais senti si maladroit.

Bientôt, à la plus grande joie d'Hermias, Aristote épousa sa fille. Installés au palais, Pythias et lui vécurent plusieurs mois dans un bonheur parfait. Loin de négliger ses travaux, le savant les multipliait.

Aristote ne regrettait pas Athènes. Il pensait parfois à Callisthène. Mais le sort de son neveu délaissé n'était pas de taille à entamer son euphorie. Pythias avait donné naissance à une fille.

Un matin, son collègue Xénophon surgit, hors d'haleine, dans son cabinet de travail :

– Savais-tu que notre hôte, Hermias, complotait contre les Perses ?

Aristote haussa les épaules. La politique ne l'intéressait que sur le plan théorique. Justement, il était en train de rédiger un ouvrage, *Du gouvernement*, dans lequel il détaillait la constitution de 158 États, de la démocratie* à l'oligarchie*, en passant par la tyrannie*.

– Non. Euh... je crois qu'il aide le roi de Macédoine à reprendre le contrôle de l'Empire perse.

– C'est la même chose ! grommela Xénophon. Les Perses, pour se venger, viennent d'envahir Assos. Et ils sont aux portes d'Atarnée. Vite, fais tes bagages !

Au même instant, Pythias entra, portant son bébé dans ses bras. Elle était en pleurs.

– Aristote, mon aimé ! C'est terrible... Nous avons été trahis ! Les Perses sont dans le palais, ils ont capturé mon père ! Nous devons fuir !

– Fuir ? bredouilla Aristote.

Il considéra, dans la bibliothèque, son manuscrit en cours, ses collections de végétaux, ses insectes épinglés, ses rouleaux éparpillés.

Malgré les supplications de sa femme, Aristote insista pour tout emporter. Impatient, Xénophon leur fit ses adieux et s'éclipsa.

Heureusement, les Perses, sûrs d'être maîtres du palais, étaient occupés à investir le port. Les fuyards gagnèrent les faubourgs. De fidèles esclaves les aidèrent à rejoindre une crique où des pêcheurs acceptèrent d'embarquer couple, enfant et bagages.

– La nuit tombe, je ne dépasserai pas Lesbos ! déclara le propriétaire du minuscule esquif.

Il désignait, dans le couchant, la côte de l'île la plus proche.

– Va pour Lesbos ! dit le savant qui serrait contre lui son épouse et sa fille.

Au loin, en proie à la colère des Perses, Atarnée brûlait.

Aristote et Pythias s'installèrent à Lesbos. Peu après, ils apprirent la mort d'Hermias ; les Perses l'avaient torturé et exécuté.

– Les Perses, toujours les Perses ! répétait le savant avec amertume. Philippe de Macédoine a raison de lutter contre eux ! La Grèce a toujours su leur résister.

Finalement, l'île de Lesbos convenait très bien à Aristote : elle renfermait une flore et une faune si riches qu'il reprit ses recherches avec acharnement. La nuit, il examinait les étoiles. Il expliquait à Pythias que tous les astres étaient sphériques et en mouvement.

Parfois, jouant avec leur fille qui grandissait, il s'extasiait :

– Ne trouves-tu pas merveilleux que les humains se perpétuent ?

– Hélas, les êtres vivants sont condamnés à mourir, soupirait Pythias.

– Oui, mais depuis la nuit des temps, leur espèce perdure !

Il s'étonnait de ce prodige et tentait d'en comprendre le fabuleux mécanisme.

Leur bonheur fut de courte durée : Pythias tomba malade. Aristote connaissait bien la médecine. Pas assez pour la guérir. Suspendu à son chevet, il l'assista jusqu'au dernier moment.

– J'ai une requête, lui dit-elle d'une voix faible avant de mourir. Fais brûler ma dépouille. Conserve mes cendres. Et ordonne, quand tu me rejoindras, que nos deux corps soient réunis.

Aristote pleura et promit.

Les années passèrent. Un jour, un inconnu se présenta chez lui :

– Es-tu bien Aristote ? Celui qui est né à Stagire en Macédoine ?

– C'est moi. Si j'en crois ta tenue, tu es un compatriote !

Le visiteur s'inclina et sourit.

– Je te cherche depuis des mois. Enfin, je t'ai retrouvé ! Notre souverain, Philippe II, m'envoie. Il te demande si tu te souviens de la lettre qu'il t'a fait parvenir à Athènes, voici treize ans.

Tant d'événements s'étaient écoulés !

Aristote fit asseoir son visiteur. En fouillant dans ses archives, il finit par retrouver le vieux courrier du roi, son ami :

« J'ai un fils. Je remercie les dieux non pas tant de me l'avoir donné que de l'avoir fait naître du temps d'Aristote. J'espère que tu en feras un successeur digne de moi et un roi digne de la Macédoine. »

– Je suis navré, dit le savant. Je n'ai jamais répondu. À l'époque, je n'aurais pas pu accepter.

J'étais très occupé.

Il n'osa pas ajouter : Je le suis beaucoup moins aujourd'hui...

Il avait fait le tour de tout ce que Lesbos pouvait lui offrir. Plongé dans la rédaction de huit ouvrages de physique, il avait mis un terme à ses observations sur la flore et la faune de l'île.

– Cet enfant doit avoir bien grandi ! s'exclama Aristote.

– Il a treize ans. Il s'appelle Alexandre. Il est aussi intelligent que vif et turbulent. Son ambition est dévorante, son caractère si autoritaire et impétueux qu'aucun précepteur ne peut en venir à bout ! Toi seul pourrais assurer son éducation.

L'ambassadeur se leva ; il ouvrit la porte, désigna au loin la trière rapide avec laquelle il était arrivé. Solennellement, il ajouta :

– Philippe II te supplie de rejoindre ton pays. D'éduquer son fils. Avec ton aide, Aristote, Alexandre fera un très grand roi.

– J'accepte, répondit le savant d'une voix qui tremblait un peu.

Il allait retrouver sa patrie.

La vie d'Aristote, le « Prince des philosophes », était loin d'être achevée. Pendant douze ans, il assura l'éducation du futur grand conquérant. Puis il revint à Athènes.

À sa mort en 322 avant Jésus-Christ, on retrouva son testament... et une urne funéraire. On la plaça dans son tombeau, comme il l'avait spécifié.

C'étaient les cendres de sa femme Pythias.

Il ne s'en était jamais séparé.

X

Alexandre le Grand

ou Dans les pas du maître du monde

(vers 327 av. J.-C.)

Dans le palais de Marakanda, le banquet battait son plein.

Sous le regard indulgent des généraux, les soldats ripaillaient, braillaient, provoquaient les jolies femmes barbares qui les servaient.

– Tu bois trop, dit Callisthène en écartant la coupe qu'Alexandre s'apprêtait à vider.

– Qui es-tu, rugit-il, pour oser me donner des ordres ?

Dans un geste plein d'affection et de sollicitude, Callisthène entoura les épaules du conquérant ; il lui chuchota à l'oreille :

– Je suis ton ancien camarade d'étude et le neveu d'Aristote, notre précepteur. Et je suis surtout ton historiographe[1], Alexandre ! C'est toi qui m'as demandé de te suivre dans cette folle conquête, et d'en relater toutes les péripéties !

– Cela te donne-t-il le droit de me conseiller ?

– Non. Mais que devrai-je révéler à ceux qui liront ton histoire ? Que le grand Alexandre, le plus sobre d'entre nous, a fini par se réfugier dans l'alcool ?... L'ivresse te dope et te dupe, Alexandre ! Refuses-tu de comprendre que l'univers est trop grand pour ton appétit ?

Alexandre blêmit. Il jeta un coup d'œil sur ses soldats. Heureusement, ils étaient trop occupés à manger, à boire et à jouer pour prêter attention à cette dispute. Se relevant à demi, il murmura :

---

1. Historiographe : historien nommé officiellement pour écrire l'histoire d'un prince ou d'un règne.

– Attention, Callisthène, tu vas trop loin : tu m'insultes !

– Pose-toi la question, insista Callisthène : que veux-tu ? La réponse est : régner sur la Terre entière ! Une Terre dont nul ne sait si elle est ronde puisque personne n'en a fait le tour ! Et si tu avais vu trop grand ?

– Jusque-là, mes conquêtes n'ont pas si mal réussi !

C'était vrai. La fougue d'Alexandre, son charisme[1], sa témérité qui le faisait se porter à la tête de ses soldats dans les affrontements les plus désespérés, sa clémence et sa générosité – aussi grandes que sa cruauté dans ses vengeances –, tout cela forçait l'admiration de ses alliés comme de ses ennemis. Ses hommes, qui l'adulaient, l'auraient suivi au bout du monde.

Seulement voilà, le bout du monde était loin...

En six ans, la modeste armée du roi de Macédoine – trente mille hommes et quatre mille

1. Charisme : autorité naturelle que possède un individu (souvent un homme politique) sur les autres.

cinq cents cavaliers – n'avait cessé de poursuivre Darius, le roi de l'immense Empire perse. Peu à peu, elle avait fini par annexer la Mésopotamie !

– Si tu veux vivre vieux et gérer cet empire, reprit Callisthène, tu dois modérer tes appétits...

Il désigna les vins, les victuailles et les femmes qui dansaient. D'un geste large, il montra la terrasse qui dominait la ville de Marakanda et, au-delà, la Médie, la Gédrosie et la Bactriane...

– Autrefois, reprit-il, ton père t'avait recommandé de te chercher un autre royaume puisque la Macédoine te paraissait trop petite. Eh bien, te voilà comblé.

– Comblé ? répondit Alexandre en éclatant de rire. Tu me connais bien mal ! Héphastion, viens donc trinquer avec nous !

Héphastion était le général préféré d'Alexandre. Il le chérissait plus encore que Roxane et Parysatis, les deux jeunes Perses qu'il pensait épouser.

Héphastion s'approcha. Il dépassait Alexandre d'une tête et, comme lui, était rasé de près – se faire couper la barbe était une mode que le jeune conquérant avait lancée et que l'empire semblait suivre.

– Prosterne-toi devant le descendant de Zeus-Ammon !

Ammon était un dieu oriental qu'Alexandre avait adopté. En fait, il adoptait toutes les divinités des pays qu'il occupait. Un moyen, affirmait-il, de se faire accepter des populations locales.

Tout en donnant cet ordre, Alexandre s'était levé en titubant. Il alla s'affaler sur le fauteuil en or massif qui trônait derrière la table.

Héphastion s'empara d'une couronne ornée de cornes de bélier. Il en coiffa son maître. Puis il s'agenouilla docilement et se prosterna à la mode orientale, le front frôlant le sol. Enfin, il leva sa coupe en clamant à toute l'assemblée :

– Je bois à notre bien-aimé Alexandre, Zeus et Ammon réincarnés !

Dépité, Callisthène haussa les épaules et partit.

Il s'éloigna des clameurs de l'orgie et goûta le vent frais de la nuit. Il rejoignit sa chambre ; là, des papillons nocturnes tournaient autour de sa lampe à huile ; il se précipita et les captura sans mal.

– Voyons, murmura-t-il en les examinant, voilà trois insectes que je ne connais pas ! Il faut les répertorier. Aristote sera content !

Les papillons dans la main, il chercha la boîte où il enfermait ses découvertes.

– Ah, je l'ai oubliée dans les appartements d'Alexandre !

Chaque jour, scrupuleusement, Callisthène recueillait une foule d'informations sur la population, les arts, les sciences, les coutumes, la faune et la flore de tous les lieux que l'armée traversait. Il sélectionnait des spécimens inconnus et toutes les trois ou quatre décades, il dépêchait vers Athènes une expédition qui les rapportait à Aristote, ainsi qu'une manne de documents. Quand ils avaient conquis et investi Babylone, quatre ans plus tôt, il y avait découvert des tablettes d'argile dont la traduction avait révélé deux mille ans d'observations astronomiques.

De retour dans les appartements du conquérant, il passa près de la pièce où Roxane reposait.

– Enfin, une visite ! fit-elle joyeusement en quittant le lit. Viens, Callisthène ! Sais-tu quand mon seigneur et maître viendra ?

– Bientôt. Il se restaure... et il se distrait ! dit-il dans une grimace.

– J'aimerais tant que tu m'apprennes à lire le grec ! Connais-tu cet ouvrage ? Alexandre le lit chaque soir, si tard que je m'endors toujours avant lui. Et quand je m'éveille, il est parti.

Alexandre dormait peu. Il était bouillonnant d'activités.

– C'est l'*Iliade*. Une édition très précieuse.

Il déroula le premier rouleau et soupira d'envie. Leur maître, Aristote, avait offert cette œuvre au jeune roi avant son départ. « Ne t'en sépare jamais », lui avait-il recommandé.

Le texte était abondamment annoté de la main du philosophe. Callisthène aurait donné sa vie pour posséder l'ouvrage de son oncle !

En voulant le remettre en place, sa main heurta le tranchant d'une arme ; il la sortit des draps avec précaution.

– C'est son glaive, expliqua Roxane. Il ne dort jamais sans lui.

Soudain, des éclats de voix retinrent leur attention. Presque aussitôt, Alexandre fit son entrée. Ivre, il tenait dans ses bras deux filles de roi : la première était celle de Darius III, Statire, et l'autre, Parysatis, la fille d'Artaxerxès III, le roi perse qui avait précédé Darius. Deux prises de guerre.

– Vois, Callisthène ! s'exclama-t-il d'une voix pâteuse. Est-ce que je ne tiens pas toute la Perse ? Oui, je la serre pour mieux l'embrasser !

Il joignit le geste à la parole puis repoussa brusquement les jeunes filles.

– Va-t'en aussi, Roxane, rejoins tes deux compatriotes ! Je dormirai seul cette nuit. Dis-moi, que fais-tu ici, toi ? grogna-t-il, suspicieux.

– Je suis venu ranger trois nouveaux papillons de nuit dans la boîte aux insectes, répondit Callisthène en montrant, de son poing fermé, la pièce voisine où se trouvaient, entre autres, des provisions et du butin.

– Vraiment ? répondit Alexandre dans un méchant rictus. Permets-moi d'en douter. Reconnais que j'ai de quoi me méfier : je te surprends près du lit de ma maîtresse, en train de me voler mon exemplaire de l'*Iliade* et d'ôter mon glaive de sous mon oreiller.

– Quoi ? Tu rêves ! Je te dis que je venais de...

– Te souviens-tu de ce serviteur que je soupçonnais de comploter contre moi ? ajouta le conquérant d'une voix plus sèche. Celui que j'ai mis depuis trois jours à la torture ? Eh bien, il vient d'avouer...

– Qu'a-t-il révélé ? demanda Callisthène sans s'émouvoir.

– Tout ! Il conspirait en effet. Il voulait m'assassiner. Il a livré le nom de ses complices. Et tu en fais partie, Callisthène...

Le neveu d'Aristote se figea. Cette accusation était monstrueuse. Inacceptable. Il se rebiffa :

– Et tu l'as cru ? Tu penses que je veux te supprimer ? Moi qui relate jour après jour tes faits et gestes ? Moi qui ai grandi pendant six ans à tes côtés ?

– Pourquoi pas ? Philotas, le plus habile de tous mes généraux, a bien voulu m'assassiner. Et il était mon favori !

C'était vrai. À ce souvenir, Callisthène frémit. Après de longues tortures et des aveux, Philotas s'était fait lapider par ses propres soldats, comme la coutume l'exigeait.

– Des papillons, prétends-tu ? Alors permets que je vérifie...

Il saisit brutalement le poing fermé de Callisthène et tenta de l'ouvrir. Le visage du roi frôlait le sien, son haleine puait le vin.

– Arrête ! Tu vas les laisser s'échapper !

– Vas-tu ouvrir ta main ? Oublies-tu que *nul ne peut me résister* ?

C'était l'une de ses phrases préférées. Celle que la Pythie de Delphes avait fini par lui jeter, malmenée et vaincue, parce que le futur conquérant lui réclamait un présage et qu'elle refusait de le lui livrer : *nul ne peut te résister !*

Jamais Alexandre n'aurait pu rêver meilleur oracle !

Callisthène ouvrit la main. Trois papillons s'en échappèrent.

– C'était donc vrai, bredouilla le conquérant en voyant s'envoler les insectes.

Les éclats de voix avaient attiré les esclaves. Sur le seuil, les trois jeunes Perses demandèrent si Alexandre avait besoin d'elles.

– Non ! Laissez-nous !

Alexandre semblait penaud, et soucieux de se réconcilier.

– Que penses-tu de ces deux nouvelles beautés, Callisthène ? demanda-t-il d'une voix radoucie. Vois-tu, j'aimerais les épouser toutes les trois.

– Tu plaisantes ?

– Les coutumes, ici, admettent qu'on ait plusieurs femmes. Et tu sais que se conformer aux coutumes locales est le meilleur moyen de transformer ses anciens ennemis en alliés.

– Trois femmes ! On t'accuse déjà d'organiser des orgies...

– Mes soldats méritent de se distraire ! Voilà des années qu'ils ont quitté leur patrie ! La reverront-ils jamais ? Quant à ces deux futures épouses, tu sais bien qu'elles n'auront qu'une utilité... politique. Elles scelleront mon alliance avec les deux branches royales de la Perse !

Alexandre avait entrepris de revêtir une somptueuse robe brodée d'argent et ornée de motifs orientaux.

– Je pensais que tu voulais conquérir l'Orient, railla Callisthène. Lui apporter la culture et la civilisation grecques dont Aristote nous a nourris. Et je constate... que c'est l'Orient qui t'a conquis.

– Ces Barbares méritent notre respect ! répliqua durement Alexandre. À certains égards, ils sont plus civilisés et raffinés que nous. Oh, et puis je suis las de tes reproches, de tes conseils. Je trouve que ce que tu écris sur mon compte est de plus en plus critique et suspect.

– Qu'est-ce que tu insinues ? Je ne fais que relater des faits !

– Et puis tu m'appelles toujours Alexandre. Jamais tu ne me nommes sous le nom du fils de Zeus-Ammon.

– Pardonne-moi, ironisa Callisthène. Je te croyais fils de Philippe II !

– Je te rappelle que ma mère Olympias descend du grand Achille.

Callisthène connaissait bien cette ridicule légende familiale. Il se souvenait comment Alexandre l'avait entretenue dès le début de ses conquêtes, quand il avait annexé la ville d'Ilion. Là, face au prétendu tombeau d'Achille, il s'était longuement recueilli et avait fait de nombreux sacrifices aux dieux.

L'historiographe haussa les épaules et objecta :

– Un dieu a des pouvoirs que tu n'as pas !

– N'ai-je pas dompté Bucéphale ? Aucun écuyer n'en venait à bout !

Ce cheval, un animal extraordinaire par sa puissance et sa taille, était devenu le coursier favori du conquérant. Callisthène éclata de rire.

– Cet animal avait simplement peur de son ombre ! Il t'a suffi de lui tenir la tête face au soleil pour que tu l'apprivoises. C'était ingénieux de ta part. Et tu as voulu faire passer cela pour un miracle !

– Qui... mais qui t'a expliqué cela ? demanda-t-il, stupéfait.

– Toi-même, quand nous étions jeunes et que j'étais ton confident.

– Aujourd'hui, les choses ont changé ! gronda Alexandre.

Drapé dans sa tunique orientale, il déclara d'une voix forte :

– Je veux bien te pardonner tes paroles et tes souvenirs insolents, Callisthène. Mais je veux que tu me rendes hommage et prêtes allégeance. J'exige que tu te prosternes devant moi, comme l'a fait Héphastion !

Callisthène soupira. Il se serait peut-être prêté à cette humiliation si elle avait revêtu, comme tout à l'heure, l'aspect d'un jeu. Mais Alexandre était sérieux. Se soumettre ainsi à lui, cette nuit, sans témoin, pouvait paraître sans conséquence. Hélas, le conquérant risquait d'exiger le même cérémonial en public, demain.

– Je refuse, dit-il en haussant les épaules. Tout cela est ridicule !

– Ainsi, tu ne te soumets pas ?

– Ai-je besoin de m'écraser pour que tu connaisses le prix de mon amitié et de mon admiration pour toi ?

– C'est bien ça, grommela Alexandre d'une voix sourde. Tu complotes donc contre moi !

Callisthène était fatigué. Il eut une pensée pour les papillons qui s'étaient échappés. Il avait envie d'aller se coucher.

– Tu te trompes ! soupira-t-il sans conviction. Je n'ai jamais agi que dans ton intérêt. Et tu le sais bien.

Il voulut quitter l'appartement. Buté, Alexandre l'en empêcha.

– Tu ne sortiras pas avant de t'être prosterné !

Callisthène sentit monter une colère longtemps refoulée. D'une voix que la fatigue rendait impatiente et nerveuse, il jeta :

– Ne sois pas stupide. Je suis ton allié, Alexandre ! Ton plus fidèle ami ! Et ton frère d'études, faute d'être ton frère de lait... Ce qui me rend dans une triple position de dépendance envers toi.

Hélas, je sais trop bien comment finissent tes alliés, tes amis et tes parents.

Le maître du monde parut d'un coup dégrisé.

– Que veux-tu dire ? demanda-t-il d'une voix blanche.

– Que tu as un goût prononcé pour torturer et tuer tes alliés ! s'emporta Callisthène qui n'en pouvait plus. Quand le satrape* Bessus a tué Darius, son propre roi, pour te faciliter la tâche, au lieu de le remercier, tu l'as livré au frère du roi qui l'a fait exécuter dans les pires souffrances ! Voilà comment tu traites tes partenaires...

– Et mes amis ?

– Dois-je te rappeler que tu as exécuté ton fidèle commandant Parménion, un compatriote ?

– Il complotait contre moi ! affirma Alexandre. Tu le sais !

– Non. Il essayait de te dissuader de pousser ton armée plus loin ! Il se faisait le porte-parole de ceux qui sont las de te suivre ! Et Clitos, que tu as, il y a peu de temps, tué d'un coup de lance ici même ? Clitos qui t'avait sauvé la vie pendant la bataille du Granique* ? Il complotait ?

– Non, admit Alexandre de mauvaise grâce. Mais il m'avait provoqué. Il avait mis ma vaillance en doute, il prétendait que je devais surtout mes victoires à nos soldats...

– Était-ce faux ? Seul, que ferais-tu ? Que pourrais-tu conquérir ? Sûrement pas cette sagesse que nous enseignait Aristote ! Ton armée et tes amis ne te suffisent plus. Maintenant, tu veux des admirateurs. Clitos avait un seul tort : il ne t'admirait plus.

– J'étais ivre. Et lui aussi. Je... j'ai regretté mon geste.

– On a tenté de vous séparer mais tu l'as poursuivi. Oh, je sais : après l'avoir tué, tu en as eu, des remords ! Tu as même voulu te supprimer. La vérité, Alexandre, c'est que tu as pris goût à l'assassinat. Et plus proches de toi sont tes victimes, plus tu goûtes leur supplice. Cette hantise perpétuelle du complot, tu dois la tenir de tes parents...

Callisthène, stupéfait par sa propre audace, se tut brusquement.

– Je comprends... siffla Alexandre entre ses dents. Tu es l'un de ceux qui prétendent que j'ai participé à l'assassinat de mon père ?

Cette hypothèse circulait parmi les troupes qui répugnaient à suivre Alexandre.

Comme l'historiographe, acculé, tentait de gagner la pièce attenante à la chambre, Alexandre bondit vers son glaive et le pointa vers Callisthène.

– Non ! se défendit Callisthène, la bouche sèche. C'est Pausanias qui l'a tué ! Tu as d'ailleurs puni ce traître. Tout le monde a admis les faits !

– De méchantes langues affirment que ma mère a assassiné son époux... parce qu'elle était pressée de me voir à la tête du pays ! On chuchote que j'aurais été son complice, puisque j'étais le premier intéressé. N'est-ce pas ce bruit que tu fais courir ?

– Non ! Je te jure que...

Affolé, Callisthène sut qu'il avait été trop loin, il voulut fuir.

Il échappa de justesse au glaive qu'on abattait sur lui. Affaibli par l'alcool, Alexandre fut déséquilibré par ce coup donné dans le vide : l'arme atterrit sur son propre pied.

Un peu de sang se mit à couler. Callisthène se figea, revint sur ses pas, affolé, et s'agenouilla – enfin – devant son maître. Mais c'était pour examiner l'éraflure. Il constata, soulagé :

– Par Zeus, Alexandre... c'est heureusement superficiel. Tu vas bien ?

Non, il n'allait pas bien : le visage d'Alexandre était pourpre d'humiliation. Il hurla à gorge déployée :

– Gardes ! Gardes, à moi !

Quelques secondes plus tard, ils surgissaient dans la pièce. Désignant Callisthène à ses pieds, le maître des lieux ordonna :

– Emparez-vous de lui. Qu'il soit enchaîné !

– Alexandre, que fais-tu ? Attends ! Songe que tu vas regretter ton geste ! Pense à Aristote... et à ta propre histoire ! Désormais, qui va la retranscrire ?

– Je pense, dit le conquérant, que d'autres pourront la raconter.

Emprisonné, torturé, Callisthène mourut sept mois plus tard.

En apprenant la nouvelle, Aristote fut très affecté. Il se fâcha avec Alexandre, l'accusa d'avoir assassiné son neveu.

Les conquêtes d'Alexandre touchaient à leur fin. Après être parvenu aux frontières de l'Inde, il dut repartir vers la Grèce sous la pression de son armée... Mais il n'arriva pas à destination : à la suite d'un pari – *à qui boirait le plus* –, il fut saisi de fièvre pendant dix jours. Juste avant de mourir, comme ses généraux lui demandaient à qui il léguait son immense empire, il répondit dans un dernier souffle :

– Au plus fort.

Alexandre le Grand n'avait pas trente-trois ans.

XI

ÉRATOSTHÈNE

OU LA TERRE EST RONDE !

(VERS 240 AV. J.-C.)

ÉRATOSTHÈNE était plongé dans des calculs quand un serviteur entra dans son cabinet.

– Maître, l'étranger qui est déjà venu hier insiste pour vous voir. Il dit être porteur d'un message important.

Ératosthène releva la tête et soupira :

– C'est bon, fais entrer cet importun.

À peine arrivé, le visiteur mit un genou à terre. Sa tenue indiquait qu'il était égyptien.

Il demanda humblement :

– Ai-je l'honneur de faire face au grand Ératosthène de Cyrène ?

– Oui. C'est moi. Qui es-tu ? Que veux-tu ?

– Je m'appelle Torus. Je viens d'Alexandrie. J'ai à te remettre un message de mon maître Ptolémée III Évergète, le roi d'Égypte.

Il tendit un rouleau au savant, soudain intrigué.

– Relève-toi, Torus. Dis-moi, quand es-tu parti ?

– Il y a vingt-deux jours. J'ai débarqué au port du Pirée hier matin.

– Quel voyage ! s'exclama Ératosthène dont le regard songeur se perdit.

À Athènes, où il était devenu un mathématicien, un géographe et un philosophe réputés, le savant gardait la nostalgie des pays lointains – surtout de sa Libye natale. Il déchiffra la missive et dit :

– Torus... sais-tu ce que me propose Ptolémée ?

– Oui : que vous deveniez le responsable de sa bibliothèque. Ce serait pour lui un immense honneur.

La bibliothèque d'Alexandrie ! Elle recelait des milliers... non : des centaines de milliers de volumes. Les manuscrits les plus rares et les plus précieux du monde. Pour un savant, un trésor inépuisable.

– Acceptez-vous ? demanda Torus.

Quitter Athènes... pourquoi pas ? Après tout, Alexandrie devenait la nouvelle capitale du monde grec. Un siècle plus tôt, Alexandre le Grand avait conquis l'Égypte. Il en avait confié la gestion à l'un de ses généraux, devenu Ptolémée I. Son petit-fils, Ptolémée III, cherchait à attirer les plus grands savants dans sa ville.

– Quand dois-tu rapporter ma réponse ?

– Si elle est positive, j'attendrai le temps nécessaire. Et mon navire repartira avec vous.

– Tu n'attendras pas longtemps, mon brave Torus : j'accepte.

Le navire naviguait plein sud depuis dix jours. Sur le pont, Ératosthène scrutait souvent le ciel en manipulant d'étranges cercles métalliques gradués. Ce jour-là, il interpella Torus qui, comme à l'accoutumée, se contentait d'observer le savant de loin.

– Ces objets t'intriguent ? fit le savant en riant. Approche donc !

Au fil des jours, il avait appris à apprécier Torus, il devinait en lui une intelligence aiguë et un esprit curieux de tout. Il expliqua :

– Je nomme ces petits cercles que j'ai fabriqués des armilles équatoriales*. Elles permettent de mesurer les angles avec une marge d'erreur très faible : un quatre millième ! Tu te rends compte ?

– Non, avoua Torus. Et je ne vois pas l'utilité d'une telle exactitude.

– Bien. Attends. Regarde où se dirige le navire : l'Égypte. D'après toi, pourquoi n'apercevons-nous pas ton pays ?

– Parce que nous en sommes trop loin.

– Et le soleil, Torus, le vois-tu ?

– Bien sûr : il est au zénith !

– Le soleil serait donc plus près de nous que l'Égypte ?

Torus fronça les sourcils. Puis il admit en souriant :

– Non, vous avez raison. Le soleil est sûrement plus loin que l'Égypte. Euh... en ce cas, pourquoi ne la voyons-nous pas ?

– L'horizon nous la dissimule. Car la Terre est ronde, Torus !

L'Égyptien éclata de rire.

– Allons, grand Ératosthène... c'est impossible !

– Comment expliques-tu alors que les mâts des navires qui s'approchent de la côte apparaissent avant leur coque ?

– Ronde ? La Terre serait ronde ? répéta Torus, troublé par ces déductions. En ce cas... un navire pourrait en faire le tour ?

– Oui. Avec des vivres, un bon équipage, des vents favorables. Et si aucune terre étrangère ne lui barre la route.

– Cependant, les navires qui ont franchi les Colonnes d'Hercule ne sont jamais revenus de l'autre côté.

– Ils n'ont pas été assez loin !

– Hannon lui-même n'a jamais pu dépasser les îles fortunées[1] ! objecta encore Torus. On ignore ce qui se trouve au-delà !

– Il existe un moyen de savoir si l'on peut faire le tour de la Terre.

– Ah bon ? Et lequel ?

– Connaître la distance à parcourir ! Et pour cela, il faut calculer le périmètre de la Terre...

– Bien, admit Torus. Mais comment calculer ce fameux périmètre ?

– Grâce à mes armilles, c'est possible ! Connaître la valeur d'un angle permet de calculer une circonférence.

– Alors, s'impatienta l'Égyptien, quel est le périmètre de la Terre ?

– Hélas ! soupira Ératosthène en désignant l'ombre que faisait le mât du navire sur le pont. Pour le calculer, il me faudrait deux mâts identiques. L'un au nord, l'autre au sud, tous deux séparés par une grande distance qui me serait

1. Fils d'Amilcar, le Carthaginois Hannon fonda une colonie aux îles Canaries vers 460 avant Jésus-Christ.

connue avec précision. Deux observateurs effectueraient cette mesure d'angle au même moment. En outre, ces mâts devraient être verticaux et immobiles.

– Mais... les angles seraient identiques !

– Non. Vois-tu, depuis que nous avons quitté Athènes et cinglons vers le sud, j'ai constaté que l'ombre du mât, à midi, était chaque jour plus courte.

Le regard perdu, Torus réfléchit longuement.

– Dommage, dit-il enfin, qu'il y ait tant de conditions à remplir !

– Oui. Mais je ne désespère pas de trouver le moyen d'y parvenir.

L'Égyptien reporta son regard sur la mer. Ainsi, son pays se trouvait derrière l'horizon. Parce que la Terre était ronde. Comme une orange. Un fruit géant dont les hommes, avec un peu d'astuce et de volonté, devraient parvenir à faire le tour...

À Alexandrie, Ptolémée III Évergète, dit « le Bienfaiteur », accueillit à bras ouverts le nouveau conservateur de sa bibliothèque. C'est dans ces prestigieux locaux qu'Ératosthène passa désormais ses journées. Il y déchiffrait et traduisait des rouleaux manuscrits, étudiait des textes anciens, accueillait des voyageurs venus consulter un ouvrage.

Quotidiennement, il retrouvait là son collègue Archimède qui s'était installé à Alexandrie. Accroupis parmi les rouleaux, face au port dominé par l'immense et somptueux phare, ils débattaient inlassablement philosophie, géographie, astronomie, mathématiques.

Deux années s'étaient écoulées. Ératosthène avait demandé à Ptolémée de conserver Torus à son service. Un jour, il le vit revenir du port avec ses armilles. Comme pris en faute, l'Égyptien avoua :

– Je les avais empruntées pour calculer l'angle que fait le soleil avec l'ombre de l'obélisque du palais royal.

– Tu sais donc t'en servir ? s'étonna le savant. Qu'as-tu découvert ?

– Que l'ombre grandit quand l'hiver approche. Au solstice d'été[1], au contraire, l'angle est à son minimum : sept degrés et un cinquième. Les obélisques de Thèbes ne dessinent, paraît-il, presque pas d'ombre à midi en été. Imagine qu'en allant plus au sud encore dans le désert, il existe un lieu où les objets ne dessinent plus aucune ombre ! Pour calculer le périmètre de la Terre, il nous suffirait alors de connaître la distance entre Alexandrie et cet endroit hypothétique.

Troublé par tant de clairvoyance, le savant prit par les épaules l'Égyptien qui soupirait :

– Ah, grand Ératosthène ! Si nous pouvions être les premiers à calculer la circonférence de la Terre...

Un soir de printemps, Torus, très excité, vint trouver le savant.

– Il y a là un voyageur... un Juif érudit. De passage à Alexandrie. Il vient du sud et veut consulter des textes sacrés. Il m'a affirmé...

---

1. Le 21 juin, jour le plus long de l'année, où le soleil est au plus haut dans le ciel.

– Calme-toi, Torus. Cet étranger est là ? Fais-le entrer.

Avec sa barbe de prophète, le Juif avait noble allure. Ératosthène l'invita à s'asseoir. Le visiteur désigna Torus et dit :

– Une question de ton serviteur m'a intrigué : non, dans ma ville, il n'existe pas d'obélisque. En revanche, on dit que nos puits ont une particularité : le jour du solstice d'été, le soleil en éclaire le fond ! On distingue alors toutes leurs pierres, quelle que soit leur profondeur. Cela ne dure qu'un instant car le soleil tourne.

– Là, s'il y avait un obélisque, il ne donnerait aucune ombre, n'est-ce pas ? demanda fébrilement Torus à Ératosthène. Cet endroit est donc celui que nous cherchions ?

– As-tu constaté ce prodige de tes yeux ? questionna le savant.

– Hélas non ! C'est peut-être une légende et cela m'a toujours semblé sans intérêt.

– D'où viens-tu ? demanda encore Ératosthène.

– De l'île Éléphantine, en Nubie. Je fais commerce du granit rose qu'on extrait tout près de là, à Syène.

En égyptien, Syène se disait *Souânit*, dont le nom signifiait « le marché ». Un marché qui longtemps avait été celui de l'ivoire. Ce qui expliquait le nom de l'île Éléphantine. Là-bas était installée une très ancienne colonie juive. Cœur battant, Ératosthène demanda :

– Connais-tu la distance qui sépare Syène d'Alexandrie ?

– Oh ! soupira le Juif. De Syène, il faut naviguer trente jours sur le Nil pour rejoindre Alexandrie.

– Je veux dire : la distance en stades ?

L'autre écarquilla les yeux comme si cette question n'avait pas de sens. Autant demander combien de poils avait sa barbe.

– Torus, demanda Ératosthène, tu sais où je range les cartes ?...

Quelques instants plus tard, les trois hommes étaient penchés sur des papyrus mille fois grattés, rectifiés, surchargés par divers voyageurs. Si le tracé du Nil entre Alexandrie et Syène était connu depuis des siècles, les distances restaient très floues. Pour corser la difficulté, le stade égyptien était différent du stade grec !

– Si la distance est approximative, grommela le savant, le calcul ne vaut rien. Et qui prouve que cette histoire de puits est vraie ? Pour vérifier tout cela, une seule solution...

– Se rendre sur place ? acheva Torus.

– Exactement. Et c'est ce que nous allons faire.

Le marchand juif de Syène reparti, les préparatifs furent rapides. L'été approchait, il fallait faire vite. Ératosthène demanda à son ami Archimède de noter, le jour du solstice, l'angle fait par l'obélisque d'Alexandrie avec son ombre.

Enfin, par un matin brumeux, le navire qui transportait Torus et le savant quitta Alexandrie pour remonter le Nil. Pour arriver à temps, ils devaient rejoindre Syène en moins de trente jours.

Après qu'ils eurent dépassé les murs blancs de Memphis, centre commercial important, le trafic devint rare et les eaux du Nil plus vives. Grâce à ses instruments, Ératosthène calculait la distance parcourue et la position du soleil. Un jour, vers midi, il affirma :

– Dans trois jours, ce sera le solstice d'été.

– Le calendrier l'annonce bien plus tard ! objecta Torus.

– Mon seul calendrier est le ciel. Et l'heure vraie celle du soleil.

– Nous arriverons demain soir, assura le capitaine.

Il ne s'était pas trompé. Le marchand juif, qui les attendait à Syène, les conduisit dès le lendemain de maison en maison en leur désignant les nombreux puits.

Ératosthène, Torus et le marchand juif s'étaient accoudés chacun à un puits différent. Dans le ciel, le soleil semblait monter en prenant plus de temps que d'habitude. Enfin, il atteignit le zénith !

Resté à portée de voix, Torus, le premier, cria :

– Voilà ! Les rayons pénètrent dans le puits !

– Ici aussi ! hurla le marchand. Mais les rayons

n'atteignent pas le fond. Ils tournent... ah, ils ont disparu !

Ératosthène avait constaté le même phénomène.

– C'était donc une légende ! gémit Torus, déçu.

– Non, affirma une vieille femme venue tirer de l'eau. Le soleil entre tout entier dans les puits une fois par an. Ce sera demain, sûrement.

Le lendemain, ils attendirent fébrilement que le soleil monte. Quand il arriva au zénith, chacun avait le regard rivé vers le fond de son puits. Comme la veille, les rayons léchèrent le conduit, en débusquèrent peu à peu l'obscurité. Mais cette fois, telle une marée de lumière, ils l'illuminèrent sur toute sa profondeur !

Un même hurlement jaillit de trois gorges :

– Ça y est !

La vision fut de courte durée. Dans le fond des puits, l'eau stagnante renvoya pendant quelques secondes un miroir éblouissant. Ce fut un moment intense. Extrême. Inoubliable.

– Ce n'était donc pas une légende ! murmura

Ératosthène en se redressant, la tête en feu. À Syène, au solstice d'été, le soleil est parfaitement à la verticale dans le ciel !

– En ce moment, compléta Torus, Archimède, à Alexandrie, devrait confirmer ma mesure de l'an dernier. Si tu as la distance exacte entre les deux villes...

– Je l'ai ! dit Ératosthène. Cinq mille stades grecs. Le calcul est facile, c'est une simple règle de trois. Un cercle a 360 degrés. Ta mesure de sept degrés et un cinquième en représentent exactement le cinquantième !

– Exact, confirma Torus : 7,2 x 50 = 360 !

– Donc, déduisit Ératosthène, si 7,2 représentent nos 5 000 stades parcourus, le périmètre de la Terre est de... cinquante fois plus !

– Impossible, bredouilla Torus en blêmissant : 250 000 stades[1] ! La Terre serait si vaste ?

---

1. Soit 250 000 x 0,1557 mètres = 39 375 kilomètres. En 1789, la mesure établira 40 000 km. Aujourd'hui, on sait que le périmètre de la Terre est de 40 075 km à l'équateur et 40 010 km aux méridiens. La mesure d'Ératosthène était juste au 2 / 1000 !

C'était tout simplement terrifiant : cela signifiait que pour accomplir le tour du globe, il leur faudrait cinquante fois plus de temps que leur récent trajet. Le voyage durerait trois années !

– Oui, dit Ératosthène. Les chiffres sont formels.

Il était, lui aussi, fortement ébranlé par le résultat. Ainsi, le grand Alexandre n'avait découvert qu'une petite partie du monde. À l'est existaient encore des régions inexplorées ! Le conquérant n'avait parcouru qu'un sixième du tour du globe...

Cette nuit-là, Torus ne dormit pas. Il passa son temps à réfléchir, se plongeant tour à tour dans les cartes et levant parfois la tête vers la lune qui baignait de sa clarté blafarde l'île Éléphantine.

Peu avant l'aube, Ératosthène surgit.

– Torus ! Que fais-tu encore debout ? Vérifies-tu mes calculs ?

– Ils sont exacts, bien sûr. Trois ans, c'est un si petit morceau de vie.

– Veux-tu dire... que tu envisages de faire le tour de la Terre ?

– Oui. Si je n'y parviens pas, qu'importe ! J'aurai du moins essayé.

Ératosthène voulut dissuader Torus d'entreprendre ce voyage insensé. Mais l'Égyptien était un passionné. Et un entêté.

Au moment de repartir vers Alexandrie, Ératosthène lui avoua :

– Je déplore moins ta témérité que ta future absence. Tu me manqueras, Torus ! Mais pars. Dis-moi ce dont tu as besoin.

L'Égyptien refusa toute aide. Il désirait aller vers l'est, seul, à l'aventure, et dès maintenant. Ératosthène dut user de ruse pour qu'il accepte un baluchon et quelques pièces.

Leurs adieux furent déchirants.

De retour à Alexandrie, Ératosthène se précipita chez Archimède. Ce dernier lui confirma l'angle fait par l'ombre de l'obélisque. Le brave Torus ne s'était pas trompé !

Ératosthène consigna ces chiffres dans un

ouvrage qu'il rangea dans la Grande Bibliothèque. Il espérait qu'ils franchiraient le temps. Il ne suffisait pas de livrer ces calculs aux hommes, il fallait qu'ils ne les oublient point[1]. Quant à Torus, l'histoire ne dit pas ce qu'il devint. Car si elle a retenu l'exploit d'Ératosthène, elle n'a pas gardé la mémoire de cet étrange et génial Égyptien.

Jamais il ne revint.

1. Pourtant, ils les oublièrent. Quant aux centaines de milliers d'ouvrages de la bibliothèque d'Alexandrie, ils brûlèrent dans le grand incendie qui la ravagea en l'an 47 avant J.-C., à la suite d'une imprudence de Jules César.

XII

ARCHIMÈDE

OU EURÊKA !

(VERS 230 AV. J.-C.)

– ARCHIMÈDE ? Le roi est là.

– Hein ? Comment ?

Penché sur ses calculs, Archimède parut sortir d'un rêve. Son serviteur Strabon lui désignait, sur le seuil, le roi de Syracuse entouré d'une dizaine de gardes. Le savant se leva d'un bond.

– Hiéron ! dit-il en lui saisissant les mains. Quel honneur ! Et surtout quelle surprise !

Hiéron II interrogea Strabon du regard. Le serviteur hocha la tête d'un air désolé : oui, il avait averti hier son maître de la venue du roi ; oui, il l'avait prié deux fois ce matin de s'habiller. Mais Archimède, comme d'habitude, avait oublié. À peine éveillé, il s'était replongé dans ses parchemins couverts de dessins de sphères, de cubes et de cylindres...

– Pardonne-moi, dit le savant au roi en s'apercevant que ses reins étaient couverts d'un simple linge, si j'avais su que tu venais...

– Pas de cérémonie ! répondit Hiéron en souriant. Tu travailles pour moi depuis si longtemps. Et puis nous sommes cousins !

Le roi s'approcha pour une accolade – mais recula en fronçant le nez. Archimède demanda :

– Que me vaut le plaisir de ta visite si matinale ?

– Euh... il est midi passé, répliqua Hiéron. Tu vas comprendre...

Sur un geste du roi, l'un des gardes posa sur la table une couronne. Elle était massive, ciselée, et son or brillait de mille feux. Ce bijou semblait démesuré en regard du petit royaume sur lequel régnait Hiéron : la ville de Syracuse, en Sicile.

– Magnifique ! s'écria Archimède.

– En apparence, oui, admit le roi. Elle m'a d'ailleurs coûté une fortune. Mais je soupçonne l'un de mes joailliers d'avoir triché et mélangé à l'or d'autres métaux... de l'argent. Ou autre chose.

– Qu'attends-tu de moi ?

– Je veux savoir s'il n'y a que de l'or dans ma couronne, ce qui justifierait le prix que j'ai payé. C'est simple, non ?

Perplexe, Archimède saisit l'objet. Il était très lourd. Cela ne signifiait rien. Un faussaire pouvait avoir mêlé d'autres métaux à l'or. Comment savoir ? Ah, s'il avait pu faire fondre la couronne, le métal étranger à l'or s'en serait séparé !

– Ce que tu crois simple, Hiéron, est en fait très compliqué.

– Quoi ? Allons, Archimède, n'as-tu pas asséché les plaines d'Égypte que le Nil avait inondées[1] ? Ne m'as-tu pas déclaré « Donne-moi

---

1. Lors d'un séjour à Alexandrie auprès de son ami Ératosthène, Archimède avait mis au point un dispositif ingénieux de « vis sans fin » qui utilisait la force du courant.

un point d'appui, et je soulèverai le monde » ?

C'était vrai. Grâce au levier, soulever n'importe quel poids devenait possible. Ainsi, Archimède avait fortifié Syracuse et aménagé le port, en économisant la main-d'œuvre et les efforts.

– N'as-tu pas suivi les leçons du mathématicien Euclide ? insista le roi. N'es-tu pas le fils de l'astronome Pheidios ? N'as-tu pas inventé la poulie mobile et la roue dentée ?

Archimède approuva. Le roi reprit en souriant :

– Il n'existerait donc pas de réponse à cette petite question ?

– Oh si ! Je crois qu'il existe une réponse à *toutes* les questions.

Depuis des années, Archimède observait les phénomènes physiques ; il en déduisait des lois qui permettaient de mieux comprendre le monde.

– Résous ce problème, ordonna le roi. Je te confie ma couronne.

– Inutile, tu peux la remporter !

– Comment ? Tu refuses de relever ce défi ?

– Non. Mais c'est un problème théorique. J'y

réfléchirai. Quand j'aurai trouvé la solution, je te réclamerai ta couronne.

Le roi parti, Archimède, pensif, murmura :

– Voyons... une mesure d'or est plus lourde qu'une mesure d'argent puisque sa densité est plus forte. Il faudrait fabriquer une seconde couronne d'or pur, identique, puis comparer son poids à la première...

Sans intérêt. Bien sûr, une telle expérience aurait résolu le problème du roi ; mais elle n'aurait livré aucune *loi générale*. Et c'était cela qu'Archimède recherchait !

– Maître, le repas est prêt !

– Le repas ? Mais voyons, Strabon, je n'ai pas faim !

– Hier, vous avez travaillé sans manger. Et ce matin, vous n'avez encore rien avalé.

Manger, dormir, s'habiller... des corvées quotidiennes qu'Archimède jugeait inutiles ! Il huma l'air ambiant. Qu'avait-on cuisiné ?

– Bizarre, grommela-t-il. Cette odeur... c'est très désagréable ! Serait-ce la marée, Strabon ?

– Cette odeur, maître, je crois que c'est vous qui la dégagez !

– Que dis-tu ?

Stupéfait, Archimède se pencha vers ses pieds nus, souleva ses bras, renifla... et manqua suffoquer.

– Quelle horreur ! Mais tu as raison : je pue horriblement !

– Vous n'êtes pas allé aux bains depuis un mois, Maître. Quand j'insiste pour vous y emmener, vous me disputez.

– C'est intenable !

Archimède se reniflait de partout, épouvanté par l'odeur qu'il dégageait.

– Strabon ! Vite, nous allons aux bains !

– Mais Maître, le repas...

– Plus tard. Je ne pourrai manger entouré d'une telle pestilence !

Résigné, Strabon conduisit Archimède à travers les rues de la ville. Le savant était toujours accompagné. Sinon, il lui arrivait de rester assis ou debout au même endroit, songeur, toute une journée. Ou de ne plus savoir comment revenir à son logis !

À cette heure de l'après-midi, Syracuse était déserte. Une foule considérable se pressait aux bains. Très fréquentés en Grèce et dans ses colonies, ils étaient des lieux de réunion appréciés. Les citadins aisés y débattaient philosophie ou politique.

En voyant (et surtout en sentant) Archimède venir de loin, le gérant lui octroya un bassin où le savant pourrait barboter seul sans incommoder quiconque.

Strabon s'apprêtait à laver et à frotter son maître qui, pour l'instant, debout, restait surtout plongé... dans ses réflexions.

– Maître, insista poliment le serviteur en lui tendant la main. Il est temps que vous vous laviez...

Le savant, pensif, entra enfin jusqu'à la ceinture dans la baignoire qui était pleine à ras bord. Du coup, l'eau déborda et ruissela sur le carrelage. Il murmura :

– Tiens... une petite pierre pesant mon poids aurait très vite coulé puisque sa densité est supérieure à celle de mon corps !

À demi immergé, il nota aussi que son poids semblait diminuer.

– Maître, vous allez bien ? Euh... vous pouvez vous installer !

Archimède s'exécuta. Non pas pour obéir à Strabon, mais pour vérifier la théorie qu'il élaborait. Il entra dans l'eau jusqu'au cou et fit déborder une grande quantité d'eau. Il marmotta :

– Et une pierre qui aurait mon poids aurait déplacé beaucoup moins d'eau...

Soudain, tout s'éclaira dans son esprit :

– Mais oui ! La densité de l'argent étant inférieure à celle de l'or, le volume déplacé par une couronne en alliage sera plus grand que pour une couronne en or pur !

Non seulement il avait résolu le problème, mais il avait énoncé une loi[1].

Fou de joie, il bondit hors de la baignoire en hurlant :

1. « Tout corps plongé dans un liquide subit, de la part de ce liquide, une poussée verticale dirigée de bas en haut et égale au poids du volume d'eau déplacé. »

– *Eurêka* ! *Eurêka*[1]* !

– Maître ! Non... attendez !

Strabon saisit la serviette et s'élança à la poursuite de son maître. Enthousiasmé par sa découverte, le savant s'était précipité hors des bains. À présent, nu comme un ver, il courait dans les rues de Syracuse, impatient d'aller porter la bonne nouvelle au roi.

L'incident fit le tour de la ville. Archimède était déjà célèbre. Cette anecdote le rendit populaire.

Dans les jours qui suivirent, on fondit une masse d'or d'un poids égal à celui de la couronne ; on immergea les deux objets tour à tour dans un récipient rempli à ras bord. On pesa avec soin les deux quantités d'eau recueillies. Elles n'étaient pas égales !

L'orfèvre indélicat fut puni. Et Archimède récompensé.

---

1. Mot grec : « J'ai trouvé ! J'ai trouvé ! »

– Ah, cher cousin ! dit le souverain ravi. Comment te remercier ?

– Oh, je le sais ! s'écria le savant. À ma mort, je souhaiterais que soit sculptée sur mon tombeau cette figure géométrique...

Il désigna, sur sa table, un cylindre enfermant une sphère.

– Étrange demande en vérité ! s'étonna le souverain. Et pourquoi ?

– L'an dernier, j'ai découvert le rapport entre le volume de la sphère et celui du cylindre qui la contient. Il est exactement de deux tiers !

– Soit. Je donnerai des ordres. Il en sera fait selon ta volonté.

Archimède n'était pas si vieux. Il serait encore très utile à sa patrie. Quand, plus tard, les Romains envahirent la Sicile, la ville fit appel à lui.

– Archimède... nous sommes perdus ! Les navires de Marcellus approchent de Syracuse. Ils entreront demain dans le port !

Le savant les rassura :

– L'envahisseur n'imagine pas les tours que nous allons lui jouer...

En effet, quand les navires approchèrent, ils furent accueillis par une pluie d'énormes pierres : ayant mis le principe du levier au service de la guerre, le savant avait fait construire de gigantesques catapultes !

Mais son invention la plus surprenante fut celle des miroirs ardents que les soldats, sur les remparts du port, braquèrent sur les navires ennemis qui stationnaient désormais au large : concentrant les rayons du soleil, ils mettaient le feu aux bateaux romains !

Stupéfait, le consul Marcellus voulait rencontrer celui qui faisait preuve d'une telle ingéniosité. Il ordonna à ses soldats :

– Il me faut Archimède vivant !

Nul doute qu'avec un tel génie, Rome deviendrait la maîtresse du monde...

Marcellus demanda des renforts. Le siège de la ville dura trois ans !

Un matin, les Romains investirent enfin le port

et prirent possession des rues. Ce jour-là, toujours accompagné de son fidèle serviteur, Archimède était sur la plage, occupé à tracer des figures géométriques sur le sable. Avisant les deux hommes, un soldat bondit, le glaive en avant. Le brave Strabon, qui voulut s'interposer, fut tué avant d'avoir pu avertir son maître !

Impressionné par ce vieil homme pensif et accroupi, le soldat lui ordonna :

– Lève-toi ! Tu es mon prisonnier !

À soixante-quinze ans, Archimède n'entendait plus très bien. Et surtout, il était toujours aussi distrait. Sans relever la tête, il répondit :

– Un instant ! J'achève mon calcul...

Le soldat crut que cet inconnu se moquait de lui.

– N'entends-tu pas ce que je dis ? Suis-moi, c'est un ordre !

Archimède, têtu, n'obéit pas. Le soldat le transperça.

Ainsi, Archimède mourut sans comprendre ce qui lui arrivait...

Mis au courant du drame, Marcellus entra dans une grande colère. Il fit mettre à mort le soldat trop impétueux.

– Misérable ! Tu as assassiné le plus grand mathématicien de tous les temps !

Marcellus exigea qu'on rendît à Archimède les honneurs qui lui étaient dus. Il lui fit des funérailles grandioses.

Vaincue et occupée, la Sicile devint une province romaine.

Deux siècles s'étaient écoulés.

De grands hommes voulurent se recueillir sur la tombe de leur illustre prédécesseur. Hélas, dans le désordre qui avait suivi le siège de Syracuse, la tombe d'Archimède avait été oubliée ou détruite : nul ne savait plus où elle se trouvait ! Jusqu'au jour où, soixante-quinze ans avant la naissance de Jésus-Christ, un certain Cicéron[1] vint assurer sa questure* en Sicile...

1. L'un des plus grands écrivains et hommes d'état romains. Voir le glossaire.

En se promenant sur les collines qui dominent Syracuse, il eut la bonne idée de suivre un sentier tracé par un sanglier. Son parcours le conduisit dans une forêt d'épineux. Et là, il tomba soudain en arrêt face à un édifice en marbre blanc envahi de broussailles...

Le cœur battant, il dégagea le monument. À son sommet trônait une étrange figure géométrique : une sphère entourant un cylindre ! Et à sa base, en grec, était gravé le nom du plus grand savant de l'Antiquité.

Cicéron avait retrouvé le tombeau d'Archimède.

Postface

Dans les *Contes et Légendes des héros de la mythologie*, je précisais qu'un héros est « le fruit de l'union d'un dieu et d'un(e) humain(e) ». Quand il ne s'agit plus de mythologie mais d'Histoire, qui mérite alors le qualificatif de héros ? « Une personne exemplaire par sa bravoure, ses exploits, ou tout homme digne de gloire par son dévouement total à une cause, une œuvre », affirme le Robert... qui oublie qu'une femme peut être une héroïne !

Or, si la Grèce est le pays où se sont illustrés de glorieux guerriers comme Léonidas ou Alexandre, c'est surtout la nation qui a donné les plus grands philosophes et scientifiques de l'Antiquité !

D'entrée, je dus faire face à deux difficultés : d'abord choisir douze « héros » parmi... trente ou quarante ! Et surtout, relater de façon attrayante de vraies données historiques au moyen d'un vocabulaire rigoureux. Hélas, à chaque ligne, il aurait fallu définir les termes de *« barbare »,* d'*« académie »,* d'*« assemblée »,* d'*« ecclésia »*... Expliquer la rivalité de Sparte et d'Athènes. Préciser le statut du citoyen... au risque de noyer le lecteur dans mille justifications ou notes !

Or, je voulais des histoires vivantes, accessibles à tous. Deux cartes et un glossaire détaillé permettront au lecteur exigeant d'affiner ses connaissances et de tisser des liens entre les lieux et les personnages de ces douze récits – voire avec son manuel d'Histoire !

HOMÈRE, l'auteur présumé de l'*Iliade* et de l'*Odyssée,* a-t-il existé ? M'écartant de la contestable *Vie d'Homère* attribuée à Hérodote, j'ai préféré, pour faire le lien avec la mythologie, évoquer l'hypothèse pas si invraisemblable d'un « Homère multiple » !

Pour la bataille de MARATHON, j'ai cédé à la légende (créée vers 180 ap. J.-C. par Lucien de Samosate) du fameux envoyé qui aurait couru d'une traite jusqu'à Athènes. Quant à la bataille des THERMOPYLES, elle est conforme à ce que l'histoire nous en a livré.

Vers 466 avant Jésus-Christ, un aérolithe a bel et bien percuté le sol près du fleuve Aigos Potamos ! Sachant qu'ANAXAGORE vivait à la même époque et qu'il avait émis d'audacieuses hypothèses astronomiques, j'ai imaginé qu'il avait pu observer le phénomène. Comme Socrate a pu être l'un de ses élèves, la tentation était forte d'imaginer que les théories du savant avaient pu influencer le futur philosophe... En consultant la carte, je fus stupéfait de constater qu'Aigos Potamos se trouvait tout près de Lampsaque, la ville où Anaxagore s'exila dans la deuxième partie de sa vie ! Ainsi, en voulant rassembler plusieurs faits de façon arbitraire, j'étais peut-être en train de reconstituer une scène qui s'était réellement produite !

Comment résumer le siècle de Périclès, l'âge d'or de la Grèce ? Pourquoi pas avec ASPASIE, seule héroïne du recueil ? Son fameux cénacle me permettait d'introduire et de présenter les plus grands créateurs de son temps, qui furent souvent ses hôtes. Son statut d'étrangère rejetée par les Athéniens me semblait actuel et... édifiant.

La vie de SOCRATE fut lisse, discrète. Le seul épisode marquant restait son procès, que j'ai préféré observer par le biais de Platon. Phédon d'Élie, philosophe disciple de Socrate, et le compositeur Éric Satie (qui composa l'opéra *La Mort de Socrate*) me pardonneront quelques libertés et dialogues peu conformes à une audience qui, dans la réalité, fut moins simpliste ou lapidaire. Mon ambition était surtout d'illustrer la méthode philosophique de Socrate et de rendre le mythe de la caverne accessible à de jeunes lecteurs !

Quant à DIOGÈNE, la modernité de sa pensée, ses provocations en font, selon moi, un philosophe qui n'a rien perdu de son actualité.

Avec DÉMOSTHÈNE, je voulais illustrer l'importance et la force de l'usage de la parole chez les Grecs.

L'immense ARISTOTE eut une vie longue, tourmentée, presque entièrement vouée à l'étude. Son sort de perpétuel exilé m'a permis de faire le lien, lors de son retour dans sa patrie, avec celui dont il assura la fin de l'éducation : le futur ALEXANDRE LE GRAND. Au lieu de relater les conquêtes de ce dernier (elles font l'objet de biographies détaillées), j'ai préféré, pour éclairer sa vie, condenser les faits en une soirée – et utiliser comme témoin Callisthène, le neveu d'Aristote, qui fut son historiographe, son compagnon de route et... l'une de ses victimes.

Sait-on qu'ÉRATOSTHÈNE, convaincu de la rotondité de la Terre, en mesura le périmètre avec une infime marge d'erreur il y a... vingt-deux siècles et demi ? À mes yeux d'auteur soucieux de réconcilier sciences et littérature, cet astucieux exploit méritait d'être relaté par le menu. Son complice, l'Égyptien Torus, a été inventé pour les besoins du récit.

Pour Archimède, j'ai cédé au mythe en concentrant l'action. Car si le savant découvrit (dans son bain, en effet !) la solution du problème que lui posa Hiéron, il lui fallut des années pour énoncer la loi complexe qui en découle.

Enfin, à ceux qui m'accuseraient d'un manque de rigueur, je répondrais : dans ces récits, rien n'est en désaccord avec l'Histoire ; les lettrés retrouveront dans la bouche de mes héros leurs paroles restées célèbres – jusqu'aux termes de la lettre qu'envoya Philippe II à Aristote ! Enfin, je leur rétorquerais que les héros, pour perdurer dans la mémoire collective, réclament eux aussi des mythes.

Après tout, Marathon a peut-être besoin de son coureur olympique, Archimède de sa baignoire, Diogène de son tonneau... et de sa lanterne !

GLOSSAIRE

Académie : école philosophique créée par Platon en 387 av. J.-C.
Achille : héros mythique de l'*Iliade*. Il périt lors du siège de Troie.
Acropole : citadelle dominant Athènes, où l'architecte Phidias édifia plusieurs monuments à la demande de Périclès.
Aède : poète de la Grèce antique, qui déclamait les textes en chantant.
Afghans : habitants d'une région de l'Asie centrale, entre l'Inde et la Perse.
Agora : centre religieux et commercial de la cité ; mais aussi lieu de réunion de l'Assemblée.
Aigos Potamos : fleuve de la Chéronèse de Thrace se jetant dans l'Hellespont.
Alcibiade (- 450 / - 405) : général et homme politique

grec, élevé par son oncle Périclès. Élève favori de Socrate. Personnage ambigu et scandaleux, il eut une vie mouvementée.

Alexandre III (- 356 / - 323) : dit le Grand ou le Conquérant. Fils de Philippe II de Macédoine, élève d'Aristote ; il soumit Athènes et, entouré de généraux, entreprit la conquête de toute l'Asie.

Alexandrie : ville d'Égypte fondée par Alexandre sur le delta du Nil ; centre commercial et culturel.

Ammon : dieu oriental.

Anaxagore (- 500 / - 428) : philosophe et mathématicien. Il ouvrit à Athènes la première école de philosophie et y enseigna pendant trente ans, avant que ses opinions et théories scientifiques n'entraînent son exil.

Anaximandre (- 610 / - 546) : philosophe, savant et cartographe grec.

Anaxos : personnage imaginaire qui guide l'aède aveugle dans le récit « Homère ».

Antigone : personnage mythique, fille d'Œdipe et de Jocaste. Sa légende inspira une tragédie à Sophocle (en 442 av. J.-C.).

Antisthène (- 440 / - 370) : élève de Socrate, il devint un philosophe précurseur de l'école cynique.

Anytos : devenu homme politique athénien, il fut l'un des trois accusateurs de Socrate.

Aphorus : l'un des cousins du père de Démosthène.

Fut chargé de gérer (ce qu'il fit fort mal) les biens et l'éducation du futur orateur.

Archimède (- 287 / - 212) : le plus génial des mathématiciens grecs. Inventeur. Fils de l'astronome Pheidios, il fréquenta des savants, vécut à Alexandrie et revint à Syracuse, sa ville natale, où il se mit au service du roi Hiéron II.

Argolide : région de la Grèce au nord du Péloponnèse.

Aristophane (- 450 / - 386) : auteur comique grec. Polémiste, il était l'ennemi de la démagogie, de la violence et de la dictature.

Aristote (- 384 / - 322) : disciple de Platon. Curieux de tout, grand naturaliste, soucieux d'embrasser le savoir humain, il fut le premier encyclopédiste et le père de la logique, de la physique et de la morale. Surnommé « le prince des philosophes ».

Armilles équatoriales : dispositif ingénieux mis au point par Ératosthène pour mesurer avec précision la valeur d'un angle.

Artaxerxès III (régna de - 358 à - 338) : roi de Perse. Fit tuer ses frères pour accéder au pouvoir. Reconquit l'Égypte, la Phénicie et Chypre. Alexandre le Grand épousa l'une de ses filles.

Arthias : nom (imaginaire) d'un des deux espions grecs envoyés chez les Perses, et renvoyés par Darius à Athènes.

Aspasie : femme célèbre par sa beauté, son esprit, son cénacle et l'influence qu'elle eut sur Périclès, qu'elle ne put épouser.
Assemblée : ou *ecclésia* (qui discute et vote les propositions de loi). Elle réunissait les citoyens d'Athènes qui y élisaient dix stratèges. Là, on tirait au sort les membres de la Boulè et de l'Héliée.
Assos : ville de Mysie, sur laquelle régnait Hermias.
Assyriens : habitants d'Assyrie, en Haute-Mésopotamie.
Atarnée : ville de Mysie, sur laquelle régnait Hermias.
Athènes : principale cité de la Grèce antique. Seuls ses habitants avaient droit au statut de citoyen. Sa rivale était Sparte.
Athos : montagne de Grèce, en Macédoine.
Atlas : dans la mythologie, géant condamné à porter la voûte du ciel sur ses épaules.
Atrée : dans l'*Iliade* d'Homère, roi légendaire de la ville de Mycènes.
Babylone : ville de Mésopotamie sur le fleuve Euphrate.
Bactriane : région d'Asie centrale proche de l'Afghanistan actuel.
Barbare : chez les Grecs, terme désignant un étranger.
Bessus : satrape qui trahit et assassina Darius, le roi de Perse, en espérant être récompensé par Alexandre le Grand.

Bucéphale : cheval favori d'Alexandre qui le suivit dans ses conquêtes et mourut en 326 av. J.-C. Alexandre édifia, sur le lieu de sa mort, la ville de Bucéphalie.
Bulos : nom (imaginaire) d'un des deux espions grecs envoyés chez les Perses, et renvoyés par Darius à Athènes.
Calaurie : île grecque sur la côte de l'Argolide.
Callimachos : un des généraux qui, avec Miltiade, partageait le commandement lors de la bataille de Marathon.
Callisthène (- 360 / - 327) : neveu d'Aristote. Grandit et fut élevé avec Alexandre le Grand qu'il suivit dans ses conquêtes et dont il devint l'historiographe. Auteur du récit *L'Expédition d'Alexandre.*
Callistrate : orateur athénien, maître de Démosthène, farouche défenseur des intérêts d'Athènes. Condamné, acquitté, à nouveau condamné, exilé, il fut exécuté en 355 av. J.-C.
Cénacle : ensemble de personnes regroupées pour débattre de passions ou d'activités communes.
Céramique : quartier d'Athènes devant son nom aux anciens ateliers de poterie. Le Céramique extérieur s'étendait jusqu'aux jardins de l'Académie.
Chabrias (- 392 / - 357) : général athénien, adversaire d'Agésilas et d'Épaminondas.
Champs Élysées : dans la mythologie, séjour des âmes et des hommes vertueux.

Charon : dans la mythologie, ce « fils de la nuit » devait faire traverser les marais de l'Achéron aux défunts ; il réclamait en paiement une pièce placée dans la bouche du cadavre.
Chéronée : ville de Béotie ; Philippe II de Macédoine y vainquit les Grecs (Athènes et Thèbes alliées) en 338 av. J.-C.
Chios : île grecque qui devint le siège de la confrérie des Homérides.
Chryséléphantin : qui est fait d'or et d'ivoire.
Cicéron (- 106 / - 43) : homme politique et orateur romain, célèbre pour ses plaidoiries et ses essais de philosophie politique.
Cléobule : nom de la mère de Démosthène et nom probable de sa sœur.
Clitos (ou Clitus) : général macédonien de l'armée d'Alexandre. Il lui sauva la vie à la bataille du Granique mais fut exécuté par son supérieur lors d'un banquet en 328 av. J.-C.
Cnémides : jambières de métal que portaient les hoplites.
Colonnes d'Hercule : aujourd'hui, le détroit de Gibraltar, qui sépare la Méditerranée de l'océan Atlantique.
Corinthe : port de Grèce.
Cranium : à Corinthe, lieu où s'entraînaient les athlètes.

Cratès : riche Athénien qui se convertit à la philosophie cynique.
Crète : l'une des plus grandes îles de Grèce entre la mer Égée et la mer de Libye.
Criton : disciple et ami de Socrate qui voulut l'aider à fuir.
Cyclades : en Grèce, groupe de 24 îles de la mer Égée.
Cyrène : ville natale d'Ératosthène, en Libye.
Darius (ou Darios) : nom donné à plusieurs rois perses. Darius Ier (522 - 486 av. J.-C.) fut battu à Marathon par les Athéniens. Darius III, qui régna de 336 à 330 av. J.-C., fut vaincu par Alexandre et assassiné par ses satrapes.
Décade : période de dix jours.
Délos : île grecque, la plus petite des Cyclades. Lieu religieux.
Delphes : ville de Phocide, en Grèce. Là officiait la fameuse Pythie qui effectuait des prédictions ou « oracles ».
Démocratie : système de gouvernement dans lequel le peuple (directement ou grâce à ses représentants) exerce sa souveraineté.
Démon : esprit ou génie, bon ou mauvais, qui préside à la destinée des hommes.
Démophon : l'un des cousins du père de Démosthène. Fut chargé de gérer (ce qu'il fit fort mal) les biens et l'éducation du futur orateur.
Démosthène (- 385 / - 322) : homme politique athénien ;

le plus grand des orateurs grecs.
Diogène (- 413 / - 327) : philosophe grec de l'école cynique.
Drachme : monnaie grecque.
Ecclésia : assemblée du peuple (réservée aux seuls citoyens athéniens).
Égée : partie de la mer Méditerranée entre la Grèce, la Crète et l'Asie Mineure.
Égine : petite île de Méditerranée.
Égypte : pays d'Afrique du Nord longtemps sous la domination perse, dont il fut libéré en 362 av. J.-C. par Alexandre le Grand.
Éléphantine (île) : petite île sur le Nil, non loin d'Assouan.
Éphèbe : jeune homme de 18 ans entrant dans le « collège de l'Éphébie » pour y recevoir une éducation (militaire et civique) appropriée à son rôle futur de citoyen. Par extension, jeune et beau garçon.
Ératosthène (- 273 / - 192) : astronome, géographe, mathématicien et philosophe grec. Il inventa le crible, le mésolabe et les armilles.
Éristhène : nom (imaginaire) de l'admirateur de l'aède, dans le récit « Homère ».
Eschine (- 390 / - 314) : orateur athénien partisan de la paix avec Philippe de Macédoine ; s'opposa à Démosthène.
Eschyle (- 525 / - 456) : poète grec considéré comme le

fondateur de la tragédie grecque.

Eubulide : philosophe grec du IVe siècle av. J.-C., né à Milet. Il s'opposa à Aristote et affirmait que l'expérience est source d'erreur.

Euclide : mathématicien grec du IIIe siècle av. J.-C. Fondateur de l'école de mathématique d'Alexandrie.

Eurêka : mot grec signifiant : « J'ai trouvé ». Expression devenue célèbre depuis qu'Archimède la prononça en sortant de sa baignoire.

Euripide (- 480 / - 406) : poète tragique grec. Ami de Socrate.

Gédrosie : aujourd'hui, l'Afghanistan.

Granique : fleuve d'Asie Mineure, Alexandre le Grand y vainquit les généraux de Darius III en 334 av. J.-C.

Grèce : entre la mer Égée et la mer Ionienne, extrémité de la péninsule des Balkans. L'un des berceaux de la civilisation occidentale où certaines villes (comme Athènes, Sparte, Thèbes) étaient tour à tour alliées et rivales.

Gylon : grand-père de Démosthène. On dénonça sa fortune ainsi que sa mésalliance, car il avait épousé une Thrace.

Gymnase : outre sa fonction de salle d'entraînement, le gymnase (ou palestre) servait de lieu de réunion et d'enseignement. C'était une sorte d'académie.

Gynon : nom (imaginaire) d'un ancien esclave affran-

chi, ami de Philippidès, à Marathon.
Hannon : navigateur carthaginois qui, en 470 av. J.-C., effectua un voyage d'exploration au-delà des Colonnes d'Hercule. Il découvrit les « îles fortunées » (les Canaries).
Héliée : tribunal populaire.
Hellespont : aujourd'hui, le détroit des Dardanelles qui relie la mer Égée à la mer de Marmara.
Hémicycle : salle demi-circulaire souvent munie de gradins.
Héphastion (ou Héphestion) : général de l'armée d'Alexandre. Ami intime et favori du conquérant. Il lui donna comme épouse une des filles de Darius. À sa mort, en 324 av. J.-C., Alexandre lui fit rendre des honneurs divins.
Héraklès : nom grec d'Hercule. Le plus célèbre des héros de la mythologie.
Hercule : *voir Héraklès.*
Hermias : roi d'Atarnée, esclave affranchi.
Hérodote (vers - 484 / - 425) : le plus célèbre des historiens grecs.
Hétaïre : courtisane, le plus souvent de haut rang et de bonne instruction.
Hicésias : nom du père de Diogène, banquier corrompu.
Hiéron II : (- 270 / - 216) : roi (ou tyran) de Syracuse, en Sicile. Il fut un prince bon et éclairé.
Hippodamos : philosophe et architecte grec du ve siècle

av. J.-C. Il contribua à rénover Athènes et à élargir les rues.

Homère : poète grec peut-être mythique, et qu'on disait aveugle. Plusieurs villes grecques prétendent être son lieu de naissance. On lui attribue l'*Iliade* et l'*Odyssée*.

Homéride : poète qui chantait les poèmes d'Homère.

Hoplite : fantassin grec pesamment armé : casque, cuirasse, bouclier rond de bronze, jambières de fer, lance et épée.

Hothonon : nom (imaginaire) d'un aède, dans le récit « Homère ».

Iliade : épopée grecque attribuée à Homère, composée de 15 537 vers et divisée en 24 « chants ». L'*Odyssée* lui fait suite.

Ilion : nom grec (à l'origine de l'*Iliade*) de la ville de Troie.

Inde : pays qui fut d'abord envahi par les Perses avant d'être atteint et occupé par les troupes d'Alexandre le Grand, vers 325 av. J.-C.

Indien : habitant de l'Inde.

Ios : île grecque de la mer Égée. Homère (dont la mère en aurait été originaire) y serait mort.

Isée : orateur grec, maître de rhétorique et avocat. Il aurait formé Démosthène.

Isocrate (- 436 / - 338) : auditeur de Socrate, adversaire de Démosthène. Voulait unir la Macédoine à la Grèce

pour lutter contre l'invasion perse.
Lampsaque : ville d'Asie Mineure, en Mysie.
Léonidas : roi de Sparte qui, aux Thermopyles, se sacrifia avec ses trois cents hoplites spartiates (en 480 av. J.-C.).
Le Pirée : port d'Athènes.
Lesbos (aujourd'hui Mytilène) : île grecque de la mer Égée.
Libye : pays d'Afrique du Nord.
Lycabette : colline proche d'Athènes.
Lycon : orateur athénien ; l'un des trois accusateurs de Socrate.
Macédoine : région de la Grèce. Son roi, Philippe II, le père d'Alexandre le Grand, commença à conquérir les zones voisines.
Manès : nom de l'esclave de Diogène qui le quitta dès la première nuit de son exil.
Marakanda (aujourd'hui Samarkand ou Samarcande) : ville de l'Ouzbékistan actuel. Capitale de Sogdiane, elle fut conquise par Alexandre le Grand en 329 av. J.-C.
Marathon : plaine et ville de Grèce située à 40 km au nord-est d'Athènes. Première victoire grecque sur les Perses, en 490 av. J.-C.
Marcellus (vers - 268 / - 208) : général et consul romain qui envahit la Sicile en 212 av. J.-C.
Médée : personnage de la mythologie. Cette magi-

cienne, amoureuse de Jason, l'aida à voler la toison d'or. Puis, rejetée, elle tua pour se venger les enfants qu'elle avait eus de lui.

Médie : nom actuel de l'Iran actuel.

Mèdikès : nom (imaginaire) d'un aède, dans le récit « Homère ».

Méditerranée : vaste mer intérieure comprise entre l'Europe, l'Asie et l'Afrique.

Mégare : ville de Grèce, en Attique, sur l'isthme de Corinthe.

Mélétos : poète grec ; l'un des trois accusateurs de Socrate.

Memphis : ancienne ville d'Égypte sur la rive gauche du Nil.

Mésopotamie : vaste région du Moyen-Orient entre le Tigre et l'Euphrate.

Milet : ville d'Asie Mineure. Patrie d'Aspasie.

Miltiade (- 540 / - 489) : stratège athénien. Remporta la victoire de Marathon sur Darius (en 490 av. J.-C.).

Mysie : ancienne région d'Asie Mineure. Villes principales : Pergame et Lampsaque. Fleuve : le Granique.

Mytilène : port principal de l'île de Lesbos, en Grèce.

Nil : le plus long fleuve du monde. En Égypte, se jette dans la Méditerranée au nord du Caire au moyen d'un vaste delta.

Nubie : région désertique de l'Afrique, longée par le Nil.

Obole : petite monnaie athénienne.

Odyssée : épopée grecque en 24 chants (12 109 vers) attribuée, comme l'*Iliade*, à Homère.

Œdipe Roi : pièce écrite en 430 av. J.-C. par Sophocle, illustrant le destin d'Œdipe, condamné par un oracle à tuer son père et à épouser sa mère.

Oligarchie : mode de gouvernement où, contrairement à la démocratie, l'autorité est entre les mains de peu de personnes.

Olympe : montagne de Grèce. Dans la mythologie, séjour habituel des dieux – le palais de Zeus est à son sommet.

Olympias : épouse de Philippe II de Macédoine et mère d'Alexandre le Grand.

Olympien (l') : surnom donné à Périclès.

Palestine : région du Proche-Orient dont les frontières varièrent au cours de l'histoire.

Paralos : fils (légitime) de Périclès.

Parménion : général macédonien, lieutenant de Philippe II puis d'Alexandre le Grand. Impliqué dans un complot, il fut mis à mort vers 330 av. J.-C.

Parthénon : monument le plus prestigieux de l'Acropole d'Athènes, consacré à la déesse Athéna. Construit par l'architecte Phidias.

Pausanias : plusieurs personnages de l'Antiquité portent ce nom : un général spartiate commandant de l'armée

grecque qui remporta la victoire de Platées contre les Perses (479 av. J.-C.) ; un écrivain grec du IIe siècle avant J.-C. ; l'assassin présumé de Philippe II de Macédoine (voir, dans ce recueil, le récit sur Alexandre le Grand).
Pélée : roi légendaire des Myrmidons, personnage de l'*Iliade*.
Péloponnèse : presqu'île de la Grèce.
Pénélope : dans l'*Odyssée* d'Homère, femme d'Ulysse. Symbole de la fidélité conjugale, elle attendra vingt ans le retour de son mari.
Périclès (- 495 / - 429) : homme politique athénien, chef du parti démocratique. La puissance de son discours lui valut le surnom d'Olympien. Son maître à penser fut Anaxagore.
Perse : dans l'Antiquité, vaste pays de l'Indus à la Méditerranée.
Phalange : infanterie grecque. En Macédoine, bataillon de 8 000 hommes armés de lances et de boucliers. Par extension, toute espèce de troupe.
Phédon : l'un des plus fidèles disciples de Socrate. Le **phédon** est aussi le nom que donna Platon à l'un de ses ouvrages dans lequel il retrace les derniers moments du philosophe.
Pheïdios : astronome, père d'Archimède.
Phénicien : habitant de la Phénicie. Les Phéniciens étaient réputés pour leur maîtrise des mers.

Phidias (- 490 / - 430) : sculpteur athénien, représentant le plus illustre de l'art classique grec.

Philippe II de Macédoine (- 382 / - 336) : roi de Macédoine, il entreprit de dominer la Grèce et lutta contre les Perses. Ses projets furent réalisés par son fils Alexandre le Grand.

Philippidès : nom (supposé) du hoplite qui accomplit le parcours Marathon-Athènes après la victoire des Grecs, en 490 av. J.-C.

Philippiques : nom donné aux harangues de Démosthène contre Philippe de Macédoine.

Philotas : général macédonien qu'Alexandre accusa de trahison.

Pirée (Le) : *voir Le Pirée.*

Platées : ville de Grèce, en Béotie. Victoire grecque de Pausanias contre l'armée perse en 479 av. J.-C.

Platon (- 428 / - 348) : le plus grand philosophe grec, élève de Socrate, fondateur de l'Académie.

Pnyx : colline près de l'Acropole où se réunissait l'ecclésia depuis la fin du VIe siècle av. J.-C.

Pont-Euxin : aujourd'hui, la mer Noire.

Poséïdon : en Grèce, dieu des mers et des eaux.

Priam : personnage de l'*Iliade* ; roi de Troie.

Protagoras (vers - 486 / - 420 ?) : philosophe grec ami d'Euclide et de Périclès.

Ptolémée : dynastie de rois égyptiens.

Ptolémée III Évergète (- 288 ?/ - 221) : dit « le Bienfaiteur ». Maître de toute une partie de l'Asie occidentale.

Pythagore (- 570 / - 480) : philosophe et mathématicien grec. On lui doit la table de multiplication et le système décimal.

Pythias : sœur de lait et/ou fille adoptive d'Hermias, roi d'Atarnée.

Pythie : prêtresse d'Apollon chargée, à Delphes, de transmettre les oracles du dieu.

Questure : chez les Romains, charge d'une durée limitée pour l'administration d'un pays ou d'une région.

Rékérion : nom (imaginaire) d'un des aèdes, dans le récit « Homère ».

Rhéteur : orateur ou « personne enseignant l'éloquence », c'est-à-dire l'art de bien s'exprimer.

Roxane : fille du satrape perse de Bactriane, première épouse d'Alexandre le Grand. Fut assassinée en 310 ou en 311 av. J.-C.

Saces : peuplade nomade d'Asie centrale.

Salamine : île de Grèce. Ultime victoire des Grecs sur les Perses le 27 / 28 septembre 480 av. J.-C.

Sapho (ou Sappho) : poétesse grecque du VIIe et VIe siècles av. J.-C. Anima une confrérie de jeunes filles nobles où l'on étudiait la poésie, la musique et la danse.

Satrape : chez les Perses, titre donné au gouverneur d'une province.
Scythes : peuple d'origine perse.
Sicile : grande île de la Méditerranée.
Sinope : port actuel de Turquie, sur la mer Noire. Patrie de Diogène.
Socrate (- 470 / - 399) : philosophe grec. Il passait son temps à discuter dans les rues pour y propager ses idées et sa pensée (foi dans la raison humaine), que Platon restitua dans ses écrits dialogués.
Sophocle (- 496 / - 406) : grand poète tragique grec, auteur d'*Antigone* et d'*Électre*.
Souânit : en égyptien, la ville de Syène.
Sparte : ville grecque du Péloponnèse (de tradition guerrière), longtemps rivale d'Athènes.
Spartiate : habitant de Sparte et, par extension, soldat combattant originaire de cette cité.
Stagire : ville de Macédoine, patrie d'Aristote.
Statire : fille de Darius III, autre épouse d'Alexandre.
Strabon : (personnage imaginaire), serviteur d'Archimède.
Stratège : en Grèce, général en chef.
Strategos autokrator : expression grecque. Dignité suprême accordée à Périclès.
Syène (ou, en égyptien, Souânit) : ville bordée par le Nil. Aujourd'hui Assouan, où fut construit un grand barrage en 1970.

Syracuse : ville et port de Sicile.
Syrie : pays d'Asie longtemps occupé par les Perses jusqu'à la conquête d'Alexandre le Grand.
Thargélie : personnage peut-être fictif. Amie d'Aspasie qui l'accompagna de Milet à Athènes.
Thèbes : ville de Haute-Égypte, ancienne capitale de l'Empire égyptien.
Thémistocle (- 525 / - 460) : homme d'État athénien doué de clairvoyance politique et d'une remarquable éloquence.
Thérippide : ami du père de Démosthène, chargé de l'éducation de ses enfants et de la gestion de sa fortune.
Thermopyles : aujourd'hui, ce défilé (au nord du Péloponnèse) est très large en raison des alluvions qui s'y sont déversées depuis 2 500 ans. En 480 av. J.-C., il était, en deux endroits, large d'une vingtaine de mètres.
Thucydide (vers - 460 / - 400 ?) : historien grec, le plus illustre du monde antique. Il fut probablement l'élève d'Anaxagore.
Timothée : général athénien célèbre pour sa prudence et sa modération. Mourut en exil à Lesbos en 354 av. J.-C.
Torus : personnage égyptien (imaginaire) accompagnant Ératosthène dans son expédition.
Trachis : petite cité grecque proche du défilé des Thermopyles.
Trière : galère rapide à trois rangs de rames.

Troie : autre nom de la ville d'Ilion. Le « siège de Troie » est au cœur du récit homérique de l'*Iliade*.
Tyrannie : dans l'Antiquité, gouvernement assuré (et usurpé) par un seul citoyen dans une cité libre.
Ulysse : héros grec de la mythologie, personnage principal de l'*Odyssée* d'Homère.
Xanthippe : nom de l'épouse de Socrate.
Xanthippos : deuxième fils (légitime) de Périclès.
Xéniade : riche Corinthien qui acheta Diogène, en fit le précepteur de ses enfants et, sans doute, l'affranchit à la fin de sa vie.
Xénophon (vers - 430 / - 355) : historien, essayiste et chef militaire grec. Il fut l'élève de Socrate.
Xerxès Ier (régna de - 486 à - 465) : roi de Perse, fils de Darius Ier. Chercha à venger l'échec de son père à Marathon.
Zénon d'Élée (né vers - 490) : philosophe grec, il tenta de prouver l'impossibilité du mouvement par une série de paradoxes qui sont restés célèbres : « la flèche qui ne parvient jamais à son but » ou « Achille et la tortue ».
Zeus : dieu suprême du panthéon grec, époux d'Héra, père des dieux et des hommes. Siégeant au sommet du mont Olympe, il gouvernait le ciel et tous les phénomènes physiques.

Table des matières

Christian Grenier

Né à Paris en 1945, Christian Grenier a publié, en trente ans, une soixantaine de romans et des centaines de récits, pour la plupart dans des collections de « jeunesse ». Si la SF a toujours été son domaine de prédilection, sa palette s'est élargie depuis longtemps au roman social, historique, policier, intimiste... et à la mythologie ! Auteur, dans la collection, des *Douze travaux d'Hercule* et *Contes et Légendes des Héros de la Mythologie*, il cherche à réconcilier passé et futur, science et imaginaire. Christian Grenier est convaincu que les sciences et les technologies génèrent aujourd'hui de nouveaux mythes ; mais il a aussi fait sien cet adage : *si tu ne sais pas où aller, alors regarde d'où tu viens...*

PARMI LES OUVRAGES
DU MÊME AUTEUR

Coups de théâtre, Hatier-Rageot
(Cascade Policier), 1994.
Le Cœur en abîme, Hachette
(Le Livre de poche Jeunesse), 1995.
La Fille de 3ᵉB, Hatier-Rageot
(Cascade Pluriel), 1995.
Le Pianiste sans visage, Hatier-Rageot
(Cascade Pluriel), 1995.

Un printemps sans cerise, Syros
(Les uns et les autres), 1995.
L'Ordinatueur, Hatier-Rageot
(Cascade Policier), 1997.
Virus L.I.V.3 ou la mort des livres,
Hachette, 1998.
Arrêtez la musique !, Hatier-Rageot
(Cascade Policier), 1999
@*ssassins.net,* Hatier-Rageot
(Cascade Policier), 2001.

Aux Éditions Nathan :

Dans la collection « Pleine Lune » :
Aïna, Fille des étoiles, 1995.
Aïna et le Secret des oglonis, 1996.
Aïna et le Pirate de la Comète, 1997.
Aïna - Kaha, Supermaki, 1997.
Aïna - L'Arbre-Monde, 1998.
Aïna - Faut-il brûler Jeanne ?,1999.

Dans la collection « Demi-Lune » :
Le Château des enfants gris, 1996.
Parfaite Petite Poupée, 1997.

Dans la collection « Contes et Légendes » :
Contes et Récits de la conquête du Ciel et de l'Espace, 1996.
Contes et Légendes - Les douze travaux d'Hercule, 1997.
Contes et Légendes des Héros de la Mythologie, 1998.

Christian Heinrich

Vers l'âge de 10 ans, j'ai découvert un vieil ouvrage dont les pages jaunies, fragiles, contaient les merveilleux mythes et légendes grecs. Quelques images obscurcissaient les débuts de chapitres et ne parlaient guère à l'enfant que j'étais. Pourtant, je n'ai pu résister aux chants de ces extraordinaires épopées relues des dizaines de fois. Spontanément, je saisis alors un crayon pour les illustrer, exprimant ainsi ma vision de chacune des histoires, sur les pages déjà fatiguées du livre. Vingt-cinq ans plus tard, le « beau voyage » se poursuit à l'évocation de ces penseurs, rêveurs et guerriers de l'Antiquité. Il n'en fallait pas davantage pour que retentisse à nouveau l'appel des sirènes comme d'une lointaine enfance, plus séduisant que jamais. Mais j'ai retenu la leçon du grand Ulysse qui donna raison à ma passion... Je suis resté bien attaché à... mon pinceau et à mes couleurs.

DANS LA MÊME COLLECTION

Contes et Légendes d'Alsace, Jacques Lindecker.
Contes et Légendes d'Auvergne, Jean-Pierre Siméon.
Contes et Légendes du Berry, Danielle Bassez.
Contes et Légendes de Bretagne, Yves Pinguilly.
Contes et Légendes de Normandie, Yoland Simon.
Contes et Légendes du Périgord, Michel et Dany Jeury.
Contes et Légendes du Poitou et des Charentes, Denis Montebello.
Contes et Légendes de Provence, Jean-Marie Barnaud.

Contes et Légendes d'Afrique d'ouest en est, Yves Pinguilly.
Contes et Légendes autour de la Méditerranée, Claire Derouin.
Contes et Légendes du temps des Pyramides, Christian Jacq.
Contes et Légendes du Québec, Charles Le Blanc.
Contes et Légendes de Suisse, Christophe Gallaz.

Contes et Légendes de l'An Mil, Claude Cénac.
Contes et Légendes de l'An 2000, Collectif.
Contes et Légendes des Chevaliers de la Table Ronde, Jacqueline Mirande.
Contes et Légendes - Les douze travaux d'Hercule, Christian Grenier.
Contes et Légendes de l'Égypte ancienne, Brigitte Évano.
Contes et Légendes de l'Europe médiévale, Gilles Massardier.
Contes et Récits des Héros de la Grèce antique, Christian Grenier.
Contes et Récits des Héros du Moyen Âge, Gilles Massardier.
Contes et Légendes des Héros de la Mythologie, Christian Grenier.
Contes et Récits des Héros de la Rome antique, Jean-Pierre Andrevon.

Contes et Légendes - L'Iliade, Jean Martin.
Contes et Légendes des Jeux d'Olympie, Brigitte Évano.
Contes et Récits des Jeux olympiques, Gilles Massardier.
Contes et Légendes - Les Métamorphoses d'Ovide, Laurence Gillot.
Contes et Légendes du Moyen Âge, Jacqueline Mirande.
Contes et Légendes de la Mythologie celtique, Christian Léourier.
Contes et Légendes de la Mythologie grecque, Claude Pouzadoux.
Contes et Légendes de la Naissance de Rome, François Sautereau.
Contes et Légendes - L'Odyssée, Jean Martin.

Contes et Récits - Les Pionniers de l'Automobile, Serge Bellu.
Contes et Récits de la conquête du Ciel et de l'Espace, Christian Grenier.
Contes et Récits de la conquête de l'Ouest, Christophe Lambert.
Contes et Récits des Héros de la Montagne, Christian Léourier.
Contes et Récits de Paris, Stéphane Descornes.

Contes et Légendes de la Peur, Gudule.
Contes et Légendes des Fées et des Princesses, Gudule.
Contes et Légendes des Lieux mystérieux, Christophe Lambert.